ÉDITORIAL

Voilà qui est fait. Nous avons nous aussi commis notre couverture «Macron». Depuis des mois, quotidiens et hebdos, presse économique et people reproduisent au rythme effréné des rotatives le même portrait. Comme si la marque France avait trouvé son égérie. La jeunesse, la vitalité, le charme : tout y est. *La Revue Dessinée* se serait-elle, elle aussi, laissé hypnotiser ? Regardez-y de plus près. Chez nous, l'homme se présente en chauffeur Uber. Magie du dessin, capable de tordre le réel pour mettre au jour des fragments de réalité, le président vous invite à monter dans sa berline. Pour aller où ? L'histoire que nous raconte cette peinture interroge le nouveau pouvoir à l'aune de l'uberisation : foi en l'individu, emploi facile mais fragile, le tout servi à la sauce «start-up». Est-ce dans cette direction que nous conduit le chauffeur Macron ? Face à l'ampleur du consensus qui a suivi son élection, *La Revue Dessinée* entend aborder l'ère politique qui s'esquisse avec un regard singulier. Un regard critique qui décortique et qui décrypte, un regard qui tire sa force du pas de côté, afin de dépasser les storytellings rabâchés.
À l'image de cette enquête, menée au long cours avec le site Les Jours. Ce plongeon en profondeur dans la mécanique Uber dévoile l'envers du grand récit cher au «premier employeur des banlieues». À l'image de cette couverture, plus ancrée dans l'actualité que les précédentes. Celle-ci donne le ton de ce qu'est et sera votre Revue : toujours le lieu de la découverte, des contrepieds, et plus que jamais un espace d'indépendance et de vigilance.

SOMMAIRE

BALKANY

LES AMOUREUX DE LEVALLOIS

À l'échelle du temps politique, ce sont des dinosaures. En quarante ans de campagnes, d'élections et de mandats, Patrick et Isabelle Balkany ont été aux premières loges de l'ancien monde : celui de Nicolas Sarkozy, des Hauts-de-Seine et du showbiz. Courchevel en hiver, Saint-Trop' en été, à la sauce people. Sans oublier les promoteurs immobiliers et les sportifs médaillés toujours au premier rang de leur réussite bling-bling dans le petit royaume de Levallois-Perret. Le tout dans un clientélisme électoral revendiqué. Car lorsqu'ils sont ensemble, ils sont de ceux qui osent tout, même l'incroyable. Seulement voilà, en cet an de grâce 2017, l'heure des comptes a sonné…

JULIEN MARTIN **GRÉGORY MARDON**

ET CETTE BELLE JEUNE FILLE PLATINE, TRÈS BELLE JUSQUE DANS SON PRÉNOM, C'EST ISABELLE.
ISABELLE SMADJA
APRÈS LE MATCH, IL L'INVITE AU RESTAURANT.
BRASSERIE LIPP
LE 20 MAI, ELLE L'INVITE À AVORIAZ.
LE 31 DÉCEMBRE, IL LA DEMANDE EN MARIAGE.
LE 13 AVRIL 1976, LA MAIRIE DE NEUILLY-SUR-SEINE CROULE SOUS LES FLEURS.
ILS EMMÉNAGENT AUSSITÔT DANS L'APPARTEMENT DE 400 M^2 DE L'IMMEUBLE QUE POSSÈDENT LES PARENTS D'ISABELLE DANS LADITE COMMUNE.

LE HÉROS DE PATRICK BALKANY, SON PÈRE, GYULA LE MAGNIFIQUE. IL AIME À DIRE QU'IL FUT BOXEUR DANS L'ÉQUIPE HONGROISE DE 1936.
CE QUI EST VRAI, C'EST QUE GYULA FUT VRAIMENT RÉSISTANT ET DÉPORTÉ À DRANCY PUIS À AUSCHWITZ...
À LA LIBÉRATION, IL RÉCUPÈRE ET REVEND LES SURPLUS MILITAIRES ABANDONNÉS PAR LES GI.
US
PUIS IL OUVRE SA BOUTIQUE DE PRÊT-À-PORTER DE LUXE AU 54, RUE DU Fg-St-HONORÉ. SA MARQUE S'IMPOSE DANS LE TOUT-PARIS.
Réty
QUAND FISTON NE TRAVAILLE PAS AVEC PAPA, IL FLAMBE.
UN PETIT RÔLE DANS UN FILM DE ROBERT HOSSEIN EN 1967, ET DU CINÉMA À LA POLITIQUE, IL N'Y A QU'UN PAS.
J'ai tué RASPOUTINE
PISTONNÉ PAR UN AMI DE SON PÈRE, PATRICK FAIT SON SERVICE MILITAIRE À L'ÉLYSÉE ET INTÈGRE LE SERVICE DE PRESSE DU CHÂTEAU.
IL EST CHARGÉ DE CLASSER LE FLOT DE DÉPÊCHES QUI TOMBENT EN CONTINU SUR LES TÉLESCRIPTEURS.
IL FAIT LA CONNAISSANCE DE MICHEL JOBERT, ALORS SECRÉTAIRE GÉNÉRAL DE L'ÉLYSÉE.

À NEUILLY, ISABELLE TROUVE SA VIE BOURGEOISE D'UN BANAL…
AUSSI REVÊCHE QUE BRILLANTE, ELLE OBTIENT SON BAC À 16 ANS.
Pfff…
MALGRÉ LES RÉTICENCES DE SON PÈRE, JUIF TUNISIEN, QUI A FAIT FORTUNE DANS LE CAOUTCHOUC AUTOMOBILE, ISA VEUT DEVENIR JOURNALISTE.
SON DIPLÔME DE DROIT EN POCHE, ELLE CONVAINC SON ONCLE PATERNEL, HENRY SMADJA, PROPRIÉTAIRE DU MYTHIQUE JOURNAL D'ALBERT CAMUS, DE L'EMBAUCHER.
COMBAT
DE LA RÉSISTANCE À LA RÉVOLUTION
LE PROBLÈME CONSTITUTIONNEL et le mode du prochain scrutin
LE RÉDACTEUR EN CHEF, PHILIPPE TESSON, LA PREND SOUS SON AILE. ELLE DEVIENT SON ASSISTANTE.
C'ÉTAIT UNE ENFANT GÂTÉE AVEC DES QUALITÉS RARES.
INSOLITE, EXOTIQUE, PLEINE DE GOUJATERIE, AGRESSIVE, UN TALENT DE CHEFTAINE.
MAI 68, LA RUE GRONDE, ELLE A 20 ANS ET SE RECONNAÎT DANS LE MOUVEMENT, QUI À SES YEUX N'A PAS GRAND-CHOSE À VOIR AVEC LA CONTESTATION OUVRIÈRE.
NON
CRS 卐
POUR ELLE, C'EST UN ESPACE DE LIBERTÉ FORMIDABLE : "ON FUME DES JOINTS, ON BAISE COMME ON VEUT."
Jouissez sans entraves
PUIS ELLE RENCONTRE MAURICE SIEGEL, L'HISTORIQUE PATRON D'EUROPE 1, ET ELLE ENTRE À LA DIRECTION DE LA STATION.
ELLE Y CÔTOIE ÉTIENNE MOUGEOTTE, IVAN LEVAÏ, ANNE SINCLAIR, JACQUES PAOLI…
LA JOURNALISTE POLITIQUE CATHERINE NAY RESTERA SA GRANDE AMIE.
EUROPE 1

1. RASSEMBLEMENT POUR LA RÉPUBLIQUE, L'ANCIEN NOM DE L'UMP ET DES RÉPUBLICAINS
2. UNION POUR LA DÉMOCRATIE FRANÇAISE, L'ANCÊTRE DU MODEM

SELON SA PROPRE EXPRESSION, ISABELLE A JUSTE LE TEMPS DE PONDRE LEUR FILLE QUE LES VOILÀ EN ROUTE VERS LA BOURGOGNE POUR SE PRÉSENTER AUX LÉGISLATIVES.
OUIIIIIN
DÉRACINÉ, BALKANY ? L'INTÉRESSÉ NE S'EN CACHE PAS. AU CONTRAIRE.
JE NE SUIS PAS UN CANDIDAT PARACHUTÉ, JE SUIS UN CANDIDAT BOMBARDÉ !
DANS LES RUES AUXERROISES, PATRICK BALKANY DÉTONNE.
L'HOMME À L'INÉBRANLABLE SOURIRE SAIT SÉDUIRE.
ACCOMPAGNÉ DE SON ÉQUIPE DE CAMPAGNE ET DE SON CHAUFFEUR, BALKANY FILE D'UN VILLAGE À L'AUTRE EN ÉCOUTANT EN BOUCLE DES CASSETTES DE COLUCHE ET D'ALEX MÉTAYER.
LE PINARD, ÇA DEVRAIT ÊTRE OBLIGATOIÂÂÂÂRE!!!

LUI QUI AVOUE N'AVOIR JAMAIS VU UNE VACHE JUSQUE-LÀ, DÉCOUVRE LE PAYS ET LES PAYSANS, GOÛTE AU CHABLIS LE MATIN...
IL PRONONCE DES DISCOURS QU'IL NE COMPREND PAS LUI-MÊME SUR LA PRIME À LA VACHE ALLAITANTE.
AU SOIR DU PREMIER TOUR DES ÉLECTIONS LÉGISLATIVES, IL NE RÉUNIT QUE 8,37% DES SUFFRAGES MAIS ATTEINT SON OBJECTIF.
JEAN-PIERRE SOISSON, AVEC 46,31% DES VOIX, EST EN BALLOTTAGE. LE FUTUR SECRÉTAIRE GÉNÉRAL DE L'UDF DEVRA REPASSER PAR LES URNES LE DIMANCHE SUIVANT.
FIN DE L'AVENTURE. MISSION ACCOMPLIE. RETOUR À NEUILLY...
LE PINARD, ÇA DEVRAIT ÊTRE OBLIGATOIÂÂÂÂÂRE!!!

DÉBUT 1979, PASQUA CHOISIT DE NOUVEAU BALKANY POUR LES LÉGISLATIVES, CETTE FOIS À LEVALLOIS-PERRET, FACE À L'INDÉBOULONNABLE PARFAIT JANS, MAIRE COMMUNISTE DE LA VILLE SANS DISCONTINUER DEPUIS 1965, DÉPUTÉ DEPUIS 1973 ET MÊME CONSEILLER GÉNÉRAL DEPUIS 1976.
MONSIEUR LE MAIRE, JE VIENS VOUS FAIRE UNE VISITE DE COURTOISIE. J'AI ÉTÉ DÉSIGNÉ POUR ME PRÉSENTER AUX ÉLECTIONS.
BON, QU'ALLEZ-VOUS FAIRE ?
LA PROCHAINE ÉLECTION EST AU MIEUX EN 1981.
JE VAIS OUVRIR UNE PERMANENCE ET SORTIR UN JOURNAL !
J'ESPÈRE QUE VOUS ME L'ENVERREZ.
BIEN ENTENDU !
LE 9 MARS 1979, LE MAIRE NE PEUT IGNORER L'INAUGURATION : LEDIT LOCAL SE SITUE AU 43 DE LA RUE TRÉBOIS... FACE À LA MAIRIE.
UR LA RÉPUBLIQUE
ATRICK BALKANY
BALKANY
BALKAN

FRANÇOIS MITTERRAND GAGNE L'ÉLECTION PRÉSIDENTIELLE DE 1981. BIEN AIDÉ PAR JACQUES CHIRAC, QUI A PRÉFÉRÉ L'ENNEMI DE GAUCHE À GISCARD.
PENDANT QUE SON MARI COURT LES MARCHÉS ET LES CAFÉS POUR SE FAIRE CONNAÎTRE, ISABELLE ÉCRIT, MAQUETTE, IMPRIME...
OBJECTIF 92
ET PRÉPARE CHAQUE SOIR RISOTTO, PASTASCIUTTA OU COUSCOUS POUR LES COLLEURS D'AFFICHES.
À TAAABLE !
LE 14 JUIN 1981, LES ÉLECTEURS SE MONTRENT RÉCEPTIFS. PATRICK DEVANCE PARFAIT JANS ! 28,41% CONTRE 27,68%.
LES COMMUNISTES NE SOUFFLERONT QUE LE DIMANCHE SUIVANT. ILS SAUVENT LEUR SIÈGE À L'ASSEMBLÉE NATIONALE GRÂCE AU REPORT DES VOIX SOCIALISTES.
AVEC 54,06% DES VOIX, JANS DEMEURE LE SEIGNEUR DE LA CIRCONSCRIPTION DE CLICHY-LEVALLOIS.
POUR PAT ET ISA, CE N'EST QUE PARTIE REMISE. LE 14 MARS 1982, LE CANTON SUD DE LEVALLOIS EST REMIS EN JEU.
DÈS LE PREMIER TOUR, BALKANY HUMILIE JANS AVEC 53,81% CONTRE 31,22%. IL EST DIRECTEMENT PROPULSÉ VICE-PRÉSIDENT DU CONSEIL GÉNÉRAL.

*ENVIRON 3 MILLIONS D'EUROS, EN TENANT COMPTE DE L'INFLATION

*PROPOS RAPPORTÉS PAR JEAN-FRANÇOIS PROBST

DE RETOUR DANS SA MUNICIPALITÉ, PATRICK TIENT SES PROMESSES. IL EST LE PREMIER MAIRE D'ÎLE-DE-FRANCE À CRÉER UNE POLICE MUNICIPALE.
POLICE MUNICIPALE
POLICE MUNICIPALE
POLICE MUNICIPALE
IL EST AUSSI LE PREMIER MAIRE DE FRANCE À ÉQUIPER SA COMMUNE DE CAMÉRAS DE SURVEILLANCE.
31 CAMÉRAS, EN 1993, PUIS 50 PUIS 100 À LA FIN DE L'ANNÉE SUIVANTE.
IL N'Y A PAS QUE LA SÉCURITÉ, IL Y A LE SPORT AUSSI. EXIT "L'ENTENTE SPORTIVE" DES COCOS...
GOOD MORNING "LEVALLOIS SPORTING CLUB"
LSC
BALKANY EST UN PASSIONNÉ. L'IMPORTANT N'EST PAS DE PARTICIPER MAIS DE GAGNER.
DANS L'ÉTROITE COMMUNE DE 241 HECTARES, LA MUNICIPALITÉ PRIVILÉGIE LES DISCIPLINES QUI SE JOUENT EN GYMNASE. LE CÔTÉ PRATIQUE DE PATRICK.
PATRICK BALKANY MAIRE DE LEVALLOIS ET LES FRÈRES ACARIÈS PRÉSENTENT
LE CHOC
RAMIREZ
SAMEDI 12 MARS À 20H30
CHAMPIONNAT DU MONDE BOXE
STADE 2, RUE VICTOR-HUGO PORTE D'ASNIÈRES
EUROPE 1
LEVALLOIS-PERRET
IL TENTE D'ORGANISER UNE COMPÉTITION DE PLUS GRANDE ENVERGURE, MAIS LA VILLE NE S'Y PRÊTE PAS. À LA GRANDE JOIE D'UNE FAROUCHE ADVERSAIRE AU PROJET...
MARLBORO
... SON ÉPOUSE.
ON N'ALLAIT QUAND MÊME PAS BLOQUER LES RUES DE LEVALLOIS PENDANT TROIS SEMAINES POUR ORGANISER UN GRAND PRIX DE FORMULE 1 SUR LES QUAIS DE SEINE !
DES GROSSES BAGNOLES ET DES JOLIES PÉPÉES SOUS LES FENÊTRES DE LA MAIRIE, MON PATRICK, IL BANDAIT COMME UN CERF !

MAIS À LEVALLOIS, LE PLUS IMPORTANT C'EST LE BÉTON.
PATRICK BALKANY DIRIGE SA VILLE COMME UNE ENTREPRISE PRIVÉE.
ET SA PREMIÈRE RÉALISATION, IL POURRA EN SURVEILLER L'AVANCEMENT HEURE PAR HEURE.
HÔTEL DE VILLE
PARKING DE L'HÔTEL DE VILLE
MAIS L'OPÉRATION ORIGINELLE, LA VRAIE, LA GRANDE, DÉBUTE PAR UNE CATASTROPHE.
QUELQUES JOURS APRÈS SON ÉLECTION, LE JEUNE MAIRE APPREND LA FERMETURE DE L'USINE CITROËN.
LE PLUS GROS CONTRIBUABLE DE LA VILLE SE RETIRERA DANS LES DEUX ANNÉES À VENIR.
IL LAISSE EN FRICHE 50 HECTARES, UN CINQUIÈME DE LA SUPERFICIE DE LEVALLOIS.
CITROËN

*BALKANY, TOUJOURS SOUPÇONNÉ, N'A JAMAIS ÉTÉ CONDAMNÉ.

POUR OCCUPER L'ESPACE, LE CHOIX DE PATRICK BALKANY EST VITE FAIT. ENTRE SIÈGES SOCIAUX ET LOGEMENTS SOCIAUX, SA PRÉFÉRENCE VA AUX PREMIERS.
GMF
TOTAL
cetelem
ET LA COMPAGNIE DES WAGONS-LITS.
IL CHANGE LA SOCIOLOGIE DES LEVALLOISIENS.
LES LOGEMENTS SOCIAUX SONT RÉNOVÉS ET ACCESSIBLES AUX MÉNAGES AVEC ENFANTS BÉNÉFICIANT DE REVENUS PLUS ÉLEVÉS.
LA CHASSE AUX IMMIGRÉS EST ÉGALEMENT LANCÉE.
ON NE PEUT PAS DONNER AUX ÉTRANGERS CE QU'ILS ATTENDENT DE NOUS.
À L'ARRIVÉE DE SON MARI À L'HÔTEL DE VILLE, ISABELLE S'INSTALLE À LA DIRECTION DE LA COMMUNICATION.
LA COM' D'UNE MAIRIE, C'EST TOUT ! C'EST UN POINT DE CONVERGENCE.
NOS ADMINISTRÉS SONT DES CONSOMMATEURS. C'EST LA SOCIÉTÉ, C'EST COMME ÇA. QU'EST-CE QU'ILS NOUS DEMANDENT ? DES LOGEMENTS CORRECTS. À PARTIR DU MOMENT OÙ VOUS FAITES ÇA, ILS VOTENT POUR VOUS.

PATRICK EST RÉÉLU, CONSEILLER DES HAUTS-DE-SEINE EN 1988 ET À LA MAIRIE EN 1989.
ISABELLE ET LUI MÈNENT GRAND TRAIN. RÉSIDENCE SECONDAIRE À GIVERNY, AVEC EMPLOYÉS MUNICIPAUX À LEUR SERVICE.
L'HIVER AU SKI, L'ÉTÉ À SAINT-TROPEZ OU DANS LES ÎLES, ILS SONT BRONZÉS TOUTE L'ANNÉE.
LE MAIRE NE PEUT S'EMPÊCHER D'EN RAJOUTER.
POUR LE CAFÉ !
JUSQU'EN 1993, LEVALLOIS-PERRET SE TRANSFORME MAIS LES CONSTRUCTIONS SONT LONGUES À SORTIR DE TERRE.
LA VILLE EST EN DÉFICIT ET POLITIQUEMENT RIEN NE VA PLUS POUR PATRICK, QUI PARIE SUR LE MAUVAIS CHEVAL, ÉDOUARD BALLADUR, À LA PRÉSIDENTIELLE DE 1995.
LES LEVALLOISIENS SONT DE PLUS EN PLUS INSATISFAITS DE LEURS INVESTISSEMENTS. ET, LE SOIR DU SECOND TOUR DES ÉLECTIONS MUNICIPALES, LE 18 JUIN 1995 :
LES MAGOUILLES C'EST TERMINÉ !
FAIS TON BALUCHON !
LE COUPLE BAT DE L'AILE.
ET UN INCONNU DU NOM D'OLIVIER DE CHAZEAUX LUI RAFLE LA MAIRIE.

1. SOIT 39 771 EUROS, EN TENANT COMPTE DE L'INFLATION
2. SOIT 153 320 EUROS, EN TENANT COMPTE DE L'INFLATION

IL PREND POUR MAÎTRESSE SYBILLE JACQUIN DE MARGERIE, 16 ANS DE MOINS QUE LUI, ARCHITECTE D'INTÉRIEUR ET ISSUE D'UNE GRANDE FAMILLE FRANÇAISE.
C'EST LA BELLE VIE. ELLE VA VIRER AU CAUCHEMAR.
LE 28 JUIN 1996, SYBILLE DÉAMBULE EN ROBE DE CHAMBRE DANS LES RUES DE NEUILLY.
POLICE NATIONALE
PATRICK EST ENTENDU PAR LA POLICE.
ELLE M'A ANNONCÉ QU'ELLE VOULAIT PARTIR. JE LUI AI RÉPONDU QUE J'AVAIS TOUT FOUTU EN L'AIR POUR ELLE ET QUE JE NE ME REMETTRAIS JAMAIS DE SON DÉPART. ELLE M'A CONSOLÉ, FAIT UN CÂLIN ET ON S'EST ENDORMIS.
ELLE DONNE UNE TOUT AUTRE VERSION DU CÂLIN : UNE FELLATION FORCÉE
LA PRESSE S'EMPARE DE L'AFFAIRE. PATRICK TENTE DE SE DÉFENDRE COMME IL PEUT.
C'EST FAUX !
JE SUIS EFFONDRÉ.
ISABELLE EST CONSTERNÉE.
J'AI UN GIGANTESQUE SENTIMENT DE DÉGOÛT ET DE RÉPULSION.
MAIS ...
MON MARI N'A JAMAIS EU BESOIN D'UN FLINGUE POUR SE FAIRE TAILLER UNE PIPE.
LE 2 JUILLET, L'AVOCAT DE SYBILLE MET UN TERME À L'AFFAIRE.
COMPTE TENU DES DÉBORDEMENTS MÉDIATIQUES, MA CLIENTE A DÉCIDÉ DE RETIRER SA PLAINTE POUR VIOL ET MENACE AVEC ARME AFIN D'ASSURER LA TRANQUILLITÉ ET LA SÉRÉNITÉ DE SA VIE PRIVÉE.
AFFAIRE CLASSÉE !

1. SOIT 2 000 EUROS, EN TENANT COMPTE DE L'INFLATION
2. SOIT 3 572 EUROS ET 7 144 EUROS

*UNE SOCIÉTÉ D'ÉCONOMIE MIXTE D'AMÉNAGEMENT QUI A BEAUCOUP CONSTRUIT À LEVALLOIS-PERRET.

MAIS AU LIEU DE TOURNER LA PAGE, IL MAINTIENT VIVACE LE SOUVENIR DES BALKANY. À L'AUTOMNE 2000, PAT ET ISA VONT SE BALADER DANS LES RUES DE LEVALLOIS.
BONJOUR, M. LE MAIRE !
ILS REFONT CAMPAGNE ET PROMETTENT DE NOUVEAUX PROJETS IMMOBILIERS. LE 11 MARS 2001 PATRICK REPREND SA MAIRIE ET DÉSIGNE ISABELLE PREMIÈRE ADJOINTE.
PLUS QUE JAMAIS, LE COUPLE S'APPRÊTE À DIRIGER LA VILLE DE QUATRE MAINS DE FER.
POLICE MUNICIPALE
QUE DES ÉLUS ESSAYENT DE LUI RÉPONDRE...
IL LEUR COUPE LA PAROLE.
OFF
ON
EN VILLE COMME À LA SCÈNE, PATRICK JOUE LES SHÉRIFS.
EN ROUTE, COMMISSAIRE MOULIN ! PAS DE RÉPIT POUR LA RACAILLE !
TF1
PATRICK REVIENT À L'ASSEMBLÉE NATIONALE.
ISABELLE EST TOUJOURS AU CONSEIL GÉNÉRAL.

LE COUPLE ÉLARGIT SON CERCLE D'INFLUENCE. PATRICK EST RÉÉLU DÉPUTÉ DES HAUTS-DE-SEINE LE 16 JUIN 2002, EN 2007, PUIS EN 2012. TOUT COMME À LA MAIRIE DE LEVALLOIS EN 2008 ET 2014.
MAIS DEPUIS 1995, DEUX MAGISTRATS INSTRUCTEURS DU TRIBUNAL DE GRANDE INSTANCE DE CRÉTEIL, PHILIPPE VANDINGENEN
ET SERGE PORTELLI, SONT SAISIS D'UNE ENQUÊTE SUR LES HLM DES HAUTS-DE-SEINE...
DONT LE PRÉSIDENT N'EST AUTRE QUE... PATRICK BALKANY HIMSELF.
LES ENQUÊTEURS DÉCOUVRENT AINSI L'EXISTENCE D'UN COMPTE EN SUISSE.
PUIS LA POSSESSION D'UN COMPTE BANCAIRE DANS LA PARTIE HOLLANDAISE DE... L'ÎLE DE SAINT-MARTIN, IL SEMBLERAIT QUE LES BALKANY NE LOUENT PAS LA VILLA PAMPLEMOUSSE MAIS EN SOIENT PROPRIÉTAIRES.

SEULEMENT, SI LES INVESTIGATIONS LÈVENT DE NOMBREUX LIÈVRES, ELLES TRAÎNENT EN LONGUEUR, ET POUR CAUSE...
SERGE PORTELLI.
NOUS AVONS DÛ FAIRE FACE À L'HOSTILITÉ DU PARQUET DE CRÉTEIL, OÙ SE CONCENTRAIENT LES INFORMATIONS LES PLUS SENSIBLES SUR LE FINANCEMENT DU RPR, QUI A TOUT FAIT POUR EMPÊCHER L'AFFAIRE DE PROSPÉRER.
LE PARQUET AGISSAIT SUR L'INSTRUCTION FERME DE LA CHANCELLERIE. PENDANT TOUTE L'AFFAIRE, LE PARQUET A ÉTÉ LE CANICHE DU POUVOIR.
RESTE QUE CONTRAIREMENT À CE QUE DIT L'ADAGE, L'ARGENT A BIEN UNE ODEUR. ET ELLE NE SE DISSIPE PAS SI FACILEMENT. SI LES POLICIERS N'ONT PAS PU ALLER AU BOUT DE LEUR ENQUÊTE DANS LES ANNÉES 2000, CELLE-CI SERA INTÉGRALEMENT REPRISE DÈS LA FIN DES ANNÉES 2012 PAR DE NOUVEAUX ENQUÊTEURS.
SOIT QUELQUES MOIS APRÈS LE DÉPART DE NICOLAS SARKOZY DE L'ÉLYSÉE ET LA NOMINATION D'UN NOUVEAU PROCUREUR DE LA RÉPUBLIQUE DES HAUTS-DE-SEINE.
CINQ ANS PLUS TARD, PATRICK ET ISABELLE SONT DE MULTIPLES FOIS MIS EN EXAMEN. UN VÉRITABLE PROCÈS EST ATTENDU DANS LES MOIS À VENIR.
EN ATTENDANT :
JE SUIS L'HOMME LE PLUS HONNÊTE DU MONDE !

Le clan des Hauts-de-Seine

On les surnomme les « Pasquaboys ». Sous la houlette de leur chef, dans les années 1980, ils ont conquis le plus riche département de France et transformé cet empire en coffre-fort de ce qui était alors le Rassemblement pour la République (RPR).

Sur ce cliché pris en 1993, Charles Pasqua, entouré de sa jeune garde, est à l'apogée de son règne. Tout-puissant ministre de l'Intérieur d'Édouard Balladur, il n'en reste pas moins le patron du « 9-2 ». L'homme a su, dès les années 1960, mettre en coupe réglée cette banlieue rouge en orchestrant l'incroyable développement immobilier du quartier de la Défense. Politiquement, la conquête démarre aux élections municipales de 1983, lors desquelles ses « Pasquaboys » s'imposent: Patrick Devedjian à Antony, Patrick Balkany à Levallois-Perret et Nicolas Sarkozy à Neuilly-sur-Seine en trahissant... Pasqua.

DES HOMMES ET UN « SYSTÈME »

À cette époque, « Môssieur Charles » est surtout l'artisan du « système Pasqua ». Aux manettes des mairies et de l'office HLM, des responsables du RPR contrôlent la manne des gros marchés publics sur lesquels ils peuvent prélever des commissions occultes. Ils agissent en toute tranquillité jusqu'à ce que les scandales éclatent dans les années 1990, entraînant l'adoption de lois de moralisation de la vie publique.

DIDIER SCHULLER, LE PORTEUR DE VALISES

Directeur de l'office HLM des Hauts-de-Seine de 1986 à 1994. Ce poste clé lui permet de récupérer les commissions sur les contrats. Mis en examen en 1994, il fuit à l'étranger pendant huit ans. En 2013, dans le livre *French Corruption* il raconte ses années de porteur de valises. Il est désormais retiré de la vie politique.

SOURCES : INSEE, TRAVAUX D'OLIVIER GODECHOD ET INDICE DE GINI.

LE BÂTIMENT, COFFRE-FORT DU RPR

En 1982, la loi de décentralisation accroît le pouvoir des élus locaux, qu'ils officient au sein des conseils généraux ou des mairies. Le monopole des appels d'offres est une aubaine pour certains élus du RPR : les promoteurs immobiliers et les entrepreneurs du BTP qui refusent leurs combines sont écartés. Grâce à cette mainmise, les valises de cash financent les campagnes du parti, quand elles ne vont pas enrichir les hommes politiques et les intermédiaires.

PATRICK BALKANY, L'EMPEREUR DE LEVALLOIS

Après avoir été mis en examen pour prise illégale d'intérêts, corruption et blanchiment de corruption, il est actuellement poursuivi pour blanchiment de fraude fiscale aggravée. Son immunité parlementaire a été levée en mars 2015. Il n'est plus député mais il est toujours maire de Levallois-Perret. Il attend son procès.

PHOTO : SIGNATURES

CHARLES PASQUA, LE VIEUX LION

Ancien résistant, puis directeur des ventes chez Ricard, il est en 1960 l'un des cofondateurs du Service d'action civique (SAC), la milice du parti gaulliste. Très inséré dans les réseaux de la Françafrique, il est aussi l'un des fidèles lieutenants de Jacques Foccart, l'homme de l'ombre du général de Gaulle. Député de la 4ᵉ circonscription des Hauts-de-Seine (1968-1973), président du conseil général puis sénateur, il a comparu dans une dizaine d'affaires, mais n'a été condamné que deux fois. Il est mort en juin 2015.

UN DÉPARTEMENT D'ULTRARICHES

Dans les Hauts-de-Seine, le revenu médian est l'un des plus élevés de France. Le département abrite plus du tiers des 0,1% de salariés les mieux rémunérés, soit plus que dans toute la province réunie, mais il est aussi sur le podium des territoires les plus inégalitaires.

MAKING-OF

« En 2012, je réalise que peu de portraits sont consacrés au couple Balkany. Alors, pour mon journal, Le Nouvel Obs*, je cherche, je multiplie les interviews, je vais cent fois à Levallois. J'en tire un livre. Aujourd'hui, je me réjouis de voir dessinés ces personnages hauts en couleur. »* Julien Martin. *« Jusqu'à présent, l'évocation des Balkany me hérissait le poil car ils incarnent ce que l'impunité des puissants a de plus révoltant. Mais il est toujours plus inspirant de raconter la vie des pirates que celle des honnêtes gens. Après ces quelques pages, on les trouverait presque sympathiques. Pat et Isa sont de ceux que l'on aime détester. »* Grégory Mardon.

À LIRE

Les Balkany, de Julien Martin. L'intégralité de l'enquête fouillée du coauteur de cette bande dessinée : un récit croustillant et inédit sur la saga Balkany. (2014)

À VOIR

Il était une fois dans l'Ouest - Le roman noir des Hauts-de-Seine, de Jean-Charles Deniau. Ce documentaire raconte les zones d'ombre de la « conquête de l'Ouest » francilien par les « cowboys » du RPR. (2015)

Face B

Lee Hazlewood. Ce nom résonne peu à l'oreille des jeunes musicomanes. L'homme est pourtant l'un des pionniers du rock : Sonic Youth, Belle & Sebastian ou encore Nick Cave s'en revendiquent. Anticonformiste, désinvolte, il était une sorte de Gainsbourg américain. Comme lui, il mêlait sa voix caverneuse à celle, diaphane, de jeunes chanteuses. Mort en 2007, ce musicien complet laisse une œuvre oscillant entre cynisme et lyrisme, folie et mélancolie. Sa reconnaissance, elle aussi, est en dents de scie.

ARNAUD LE GOUËFFLEC NICOLAS MOOG

LEE HAZLEWOOD EST NÉ EN 1929 DANS L'OKLAHOMA. IL MANIFESTE TRÈS JEUNE UNE TOURNURE D'ESPRIT ATYPIQUE.
JE N'AI PAS LE SOUVENIR D'ÊTRE NÉ. EST-CE QUE JE ME SOUVIENDRAI DE MA MORT ?
LA GUERRE DE CORÉE LE DÉTOURNE DE SES ÉTUDES DE MÉDECINE ET IL DEVIENT DJ POUR AFRS - ARMED FORCES RADIO SERVICE -, ACTIVITÉ QU'IL POURSUIT DE RETOUR À LA VIE CIVILE.
US
JE CROIS BIEN QUE JE SUIS LE PREMIER À AVOIR PASSÉ DU ELVIS PRESLEY.
DÈS 1953, AUX BALBUTIEMENTS DU ROCK'N'ROLL, IL COMMENCE À ÉCRIRE DES CHANSONS ET SE RÊVE PRODUCTEUR.
VIV
RECORDS CO.
LEE FONDE SON PREMIER LABEL, VIV, ET CRÉE À LA CHAÎNE CHANSONS ET INSTRUMENTAUX.
SON PREMIER HIT EST "THE FOOL" (LE FOU), DU CHANTEUR ROCKABILLY SANFORD CLARK, EN 1956.
LE FOU EST UN DES PERSONNAGES CLÉS DE L'OEUVRE DE LEE HAZLEWOOD.
THE FOOL
Sanford CLARK
C'EST NORMAL, J'AI TRACÉ MA CARRIÈRE EN DIAGONALE.

LE SUCCÈS ARRIVE VRAIMENT EN 1959 AVEC DUANE EDDY, GUITARISTE PRODIGE, ET LE TUBE "REBEL ROUSER." LA RECETTE D'HAZLEWOOD: UN GIMMICK DE GUITARE.
+ UN TREMOLO ET UNE CHAMBRE À ÉCHOS.
ASSOCIÉS À UN GOÛT POUR LES SONS ÉTRANGES, DISTORDUS, PROFONDS ET ÉLASTIQUES.
ON APPELLE ÇA LA TWANG GUITAR, MEC !
AL CASEY
IL A INVENTÉ CE SON !
THE ASTRONAUTS
DUANE EDDY
PHIL SPECTOR, ASSISTANT
DUANE EDDY INSPIRERA TOUTE UNE GÉNÉRATION DE GUITARISTES, DONT LES SHADOWS...
AU-DELÀ DE SON TRAVAIL DE PRODUCTEUR, LA SINGULARITÉ DU SONGWRITING D'HAZLEWOOD S'AFFIRME. QU'ELLES SOIENT CHANTÉES PAR LUI OU PAR D'AUTRES, SES CHANSONS SONT IMMÉDIATEMENT RECONNAISSABLES.
SON STYLE ? ENTRE ROCKABILLY ET COUNTRY AUX ACCENTS POP. DES CHANSONS À LA TONALITÉ LUGUBRE, CHANTÉES D'UNE VOIX DE BARYTON, VOIRE D'OUTRE-TOMBE, PÉTRIES D'UN HUMOUR PINCE-SANS-RIRE. LE TON EST DÉTACHÉ, PRESQUE CYNIQUE EN APPARENCE, SOUDAIN TRAVERSÉ D'ACCENTS DE SINCÉRITÉ ET D'UNE PROFONDE MÉLANCOLIE.

EN MARGE DE SES PRODUCTIONS, LEE PUBLIE DÉSORMAIS SES PROPRES DISQUES...
MON PREMIER DISQUE EST UN CONCEPT ALBUM SUR UNE PETITE VILLE DE L'OKLAHOMA.
FRAPPÉS DU SCEAU DE L'ORIGINALITÉ, VOIRE DE L'EXCENTRICITÉ.
OÙ TRANSPARAÎT DÉJÀ SON MÉPRIS DU SHOW BUSINESS.
MAIS SI...
...POSER AVEC UN YÉTI ET UN MEXICAIN DE DOS...
C'EST SUPER VENDEUR.
MAIS DERRIÈRE L'APPARENT JE-M'EN-FOUTISME, LES CHANSONS D'HAZLEWOOD NE PARLENT QUE D'UNE CHOSE : LES RELATIONS ENTRE LES HOMMES ET LES FEMMES.
L'AMOUR, QUOI.
HAZLEWOOD NE PERD JAMAIS LE NORD, ET SIGNE EN 1965 "HOUSTON" POUR DEAN MARTIN, TUBE PLANÉTAIRE.
DEAN MARTIN
HOUSTON
Bumming around
IL EST ALORS CONTACTÉ PAR FRANK SINATRA EN PERSONNE, QUI CHERCHE UN PYGMALION POUR SA FILLE NANCY.
C'EST UNE OFFRE QUE TU NE PEUX PAS REFUSER.

NANCY
LEE, DÉSORMAIS MOUSTACHU QUADRAGÉNAIRE À LA VOIX GOUDRONNÉE, N'ABDIQUE PAS SON FRANC-PARLER.
JE VEUX QUE TU CHANTES COMME UNE MÔME DE 14 ANS QUI SE TAPERAIT DES ROUTIERS.
"THESE BOOTS ARE MADE FOR WALKING" PULVÉRISE LES CHARTS.
BOOTS
NANCY SINATRA
EN DUO, ILS ENREGISTRENT ALORS UN ALBUM INOUBLIABLE, TROUBLANT DIALOGUE SUR L'AMOUR ET SES AMBIGUÏTÉS.
MAIS BON DIEU, ÇA VEUT DIRE QUOI : "I WANNA OPEN UP YOUR GATE" (JE VEUX OUVRIR TA PORTE) ?
DEVINE.
MES RELATIONS AVEC FRANK SINATRA ? JE M'ENTENDS AVEC LUI COMME AVEC LE PÈRE D'UNE FILLE À QUI JE FAIS GAGNER 2 OU 3 MILLIONS DE DOLLARS PAR AN.
NANCY DEVIENT UNE ICÔNE.
NANCY

LES ROYALTIES SONT IMMÉDIATEMENT RÉINVESTIES DANS UN NOUVEAU LABEL, LHI *.
QUI, JUSQU'EN 1971, PUBLIE À TOUR DE BRAS DES ARTISTES CHOISIS, PRODUITS PAR LEE, OU SES PROPRES DISQUES.
L'OCCASION POUR LUI DE PEAUFINER SA MÉTHODE.
TROIS HEURES DE TRAVAIL DEUX JOURS PAR SEMAINE,
MAIS TOUJOURS À LA MÊME HEURE, À PARTIR DE 15 OU 16 H.
RIEN DE PIRE QU'UN STUDIO D'ENREGISTREMENT : ON MANGE N'IMPORTE QUOI, ON FUME CLOPE SUR CLOPE, L'HORREUR.
MULTIPLIANT LES DUOS AVEC DES CHANTEUSES DONT LA VOIX AÉRIENNE CONTRASTE AVEC LA SIENNE, DE PLUS EN PLUS CAVERNEUSE.
SUZI JANE HOKOM
QUAND JE CHANTE TOUT SEUL, LES DISQUES SE VENDENT MOINS BIEN.
ANN-MARGRET
* LEE HAZLEWOOD INDUSTRIES

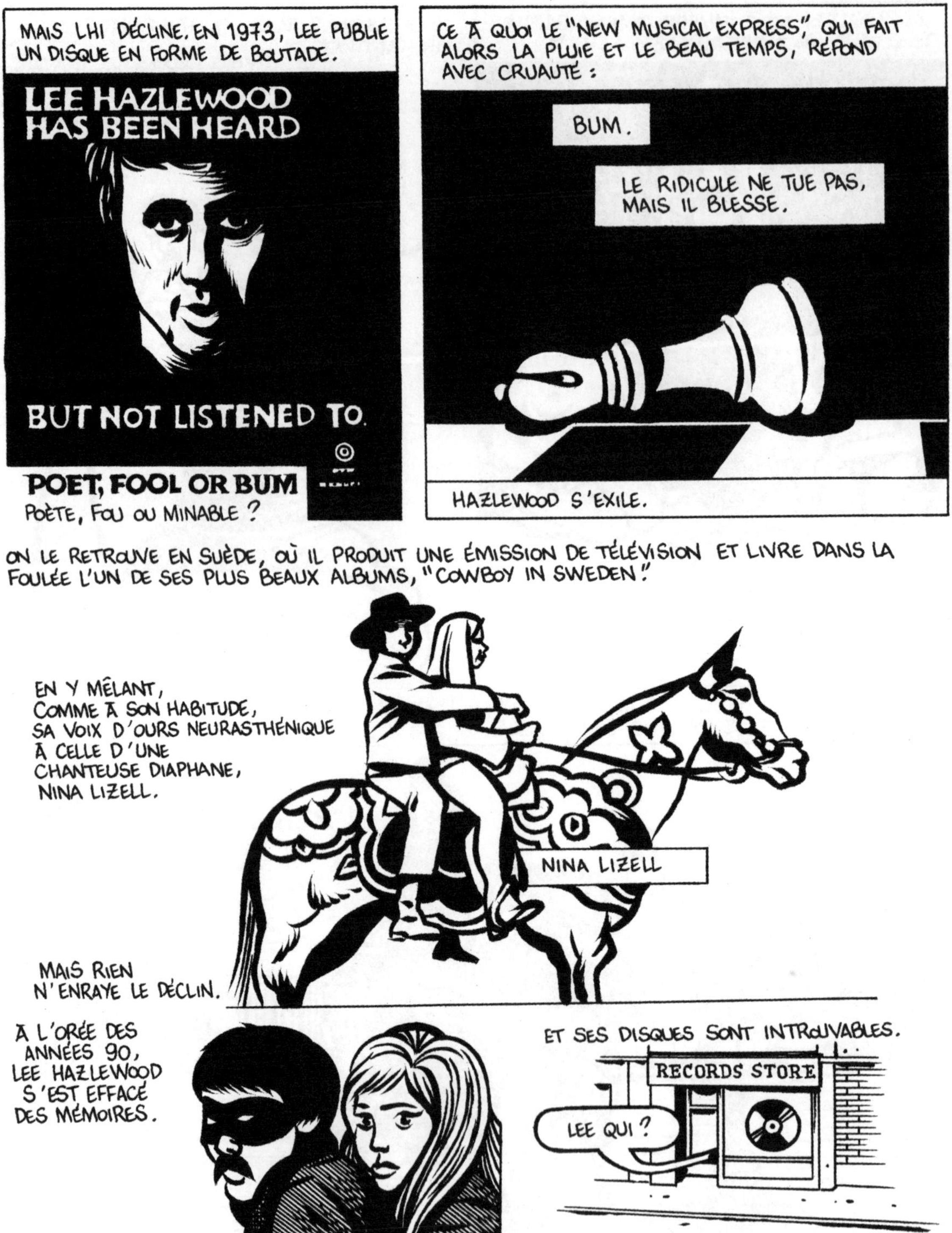
MAIS LUI DÉCLINE. EN 1973, LEE PUBLIE UN DISQUE EN FORME DE BOUTADE.
LEE HAZLEWOOD HAS BEEN HEARD
BUT NOT LISTENED TO.
POET, FOOL OR BUM
POÈTE, FOU OU MINABLE ?
CE À QUOI LE "NEW MUSICAL EXPRESS", QUI FAIT ALORS LA PLUIE ET LE BEAU TEMPS, RÉPOND AVEC CRUAUTÉ :
BUM.
LE RIDICULE NE TUE PAS, MAIS IL BLESSE.
HAZLEWOOD S'EXILE.
ON LE RETROUVE EN SUÈDE, OÙ IL PRODUIT UNE ÉMISSION DE TÉLÉVISION ET LIVRE DANS LA FOULÉE L'UN DE SES PLUS BEAUX ALBUMS, "COWBOY IN SWEDEN".
EN Y MÊLANT, COMME À SON HABITUDE, SA VOIX D'OURS NEURASTHÉNIQUE À CELLE D'UNE CHANTEUSE DIAPHANE, NINA LIZELL.
NINA LIZELL
MAIS RIEN N'ENRAYE LE DÉCLIN.
À L'ORÉE DES ANNÉES 90, LEE HAZLEWOOD S'EST EFFACÉ DES MÉMOIRES.
ET SES DISQUES SONT INTROUVABLES.
RECORDS STORE
LEE QUI ?

À LA FIN DES 90s, C'EST PARADOXALEMENT DU CÔTÉ DU ROCK INDÉ QUE VIENT LA RECONNAISSANCE.
RECONNAISSANCE DONT LEE SEMBLE SE MOQUER.
JE VEUX SORTIR UN DISQUE DE REPRISES DE VOUS. KURT COBAIN ET MY BLOODY VALENTINE SONT OK.
AH OUAIS ?
C'EST 5000 $ LE TITRE !
MARK PICKEREL, DU LABEL SUB POP.
MAIS SOUDAIN, À LA FAVEUR DE RÉÉDITIONS MIRACLES LE PUBLIC LE REDÉCOUVRE.
LEE HAZLEWOOD SORT DE NOUVEAUX DISQUES, DONNE DE NOUVELLES INTERVIEWS, DANS LESQUELLES ON LE RETROUVE INTACT.
MES MOMENTS PRÉFÉRÉS DANS MA CARRIÈRE ? CEUX OÙ JE NE TRAVAILLAIS PAS.
MORT LE 4 AOÛT 2007 D'UN CANCER DU REIN, QUI EST LEE HAZLEWOOD ?
UN DES GRANDS DE LA MUSIQUE POPULAIRE DE CE SIÈCLE, PRODUCTEUR DE GÉNIE, PIONNIER DU ROCK'N'ROLL ORIGINEL, AUTEUR PROFOND, MORALISTE SUBTIL, FAISEUR DE TUBES ET IDOLE UNDERGROUND, CHANTEUR DE COUNTRY À MOUSTACHE ET FINE LAME DE LA POP, SURTOUT, CHANTEUR INIMITABLE ET CROONER POIGNANT.
DANS LE FOND, UN ARTISTE INSAISISSABLE, UN CAMÉLÉON DONT LE GOÛT DU PARADOXE N'EST QU'UNE FORME DE PUDEUR, QUI N'A JAMAIS CESSÉ DE CHANTER LE JEU DE LA VIE, DE L'AMOUR ET DE LA MORT ET LES FEMMES.
EN FAIT, TU ES UNE SORTE DE CHANTEUR FÉMINISTE...
KIM GORDON, SONIC YOUTH
NICK CAVE
BECK
GAINSBOURG, LE LEE HAZLEWOOD FRANÇAIS.
UN GÉNIE. UN DES PAROLIERS LES PLUS AUDACIEUX QUE LA CHANSON AMÉRICAINE AIT CONNUS.
LE GOUEFFLEC & MOOG

Chargés comme des mules

À chaque vol Cayenne-Paris, elles sont une dizaine. Jeunes, inconscientes du danger, des « mules » décollent pour la métropole le ventre bourré de capsules de cocaïne. Si l'une d'elles cède, le risque est mortel. Façon roulette russe, ces Guyanais prennent un aller simple pour l'enfer ou pour le paradis. Un paradis estimé à quelques milliers d'euros, une fortune pour ces recrues précaires. Policiers, juges et douaniers sont débordés par l'ampleur du trafic... Des rives du fleuve Maroni à l'aéroport d'Orly, voyage sur la route des passeurs de « blanche ».

Hélène Ferrarini **Damien Cuvillier**

CETTE SCÈNE A ÉTÉ RECONSTITUÉE D'APRÈS UN ENTRETIEN FILMÉ PAR L'ASSOCIATION ATELIER VIDÉO MULTIMÉDIA DE SAINT-LAURENT-DU-MARONI. TÉMOIGNAGE DE J.L., 19 ANS, INTERPELLÉ POUR TRANSPORT DE COCAÏNE.

* TERME DÉSIGNANT L'ÉVASION DES ESCLAVES.

SURINAME
St-LAURENT-DU-MARONI
IRACOUBO
KOUROU
CAYENNE
BRÉSIL
EN DÉCEMBRE 2016, NOUS NOUS SOMMES RENDUS EN GUYANE SUR «LE CHEMIN DES MULES».
POSTE DE CONTRÔLE ROUTIER D'IRACOUBO, LE 12 DÉCEMBRE 2016, 10H25
BONJOUR, GENDARMERIE NATIONALE, PAPIERS D'IDENTITÉ, S'IL VOUS PLAÎT.
VOUS ALLEZ OÙ ?
CAYENNE.
VOUS VENEZ D'OÙ ?
MANA.
RIEN À DÉCLARER ?
NON.
TRÈS BIEN. BONNE JOURNÉE !
AVANCEZ.
HALTE

* CRÉOLE GUYANAIS.

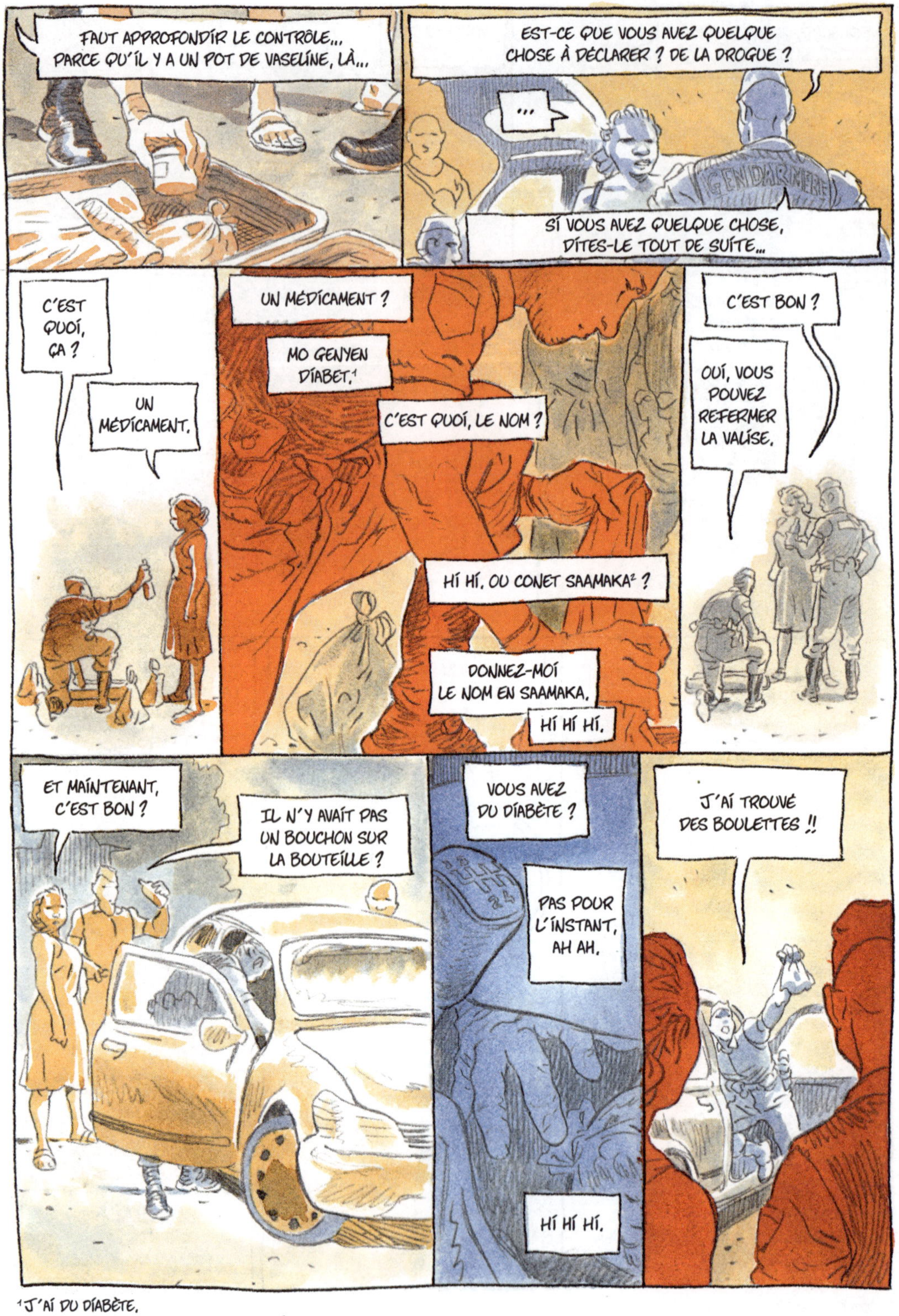

[1] J'AI DU DIABÈTE.
[2] VOUS COMPRENEZ LA LANGUE SAAMAKA ?

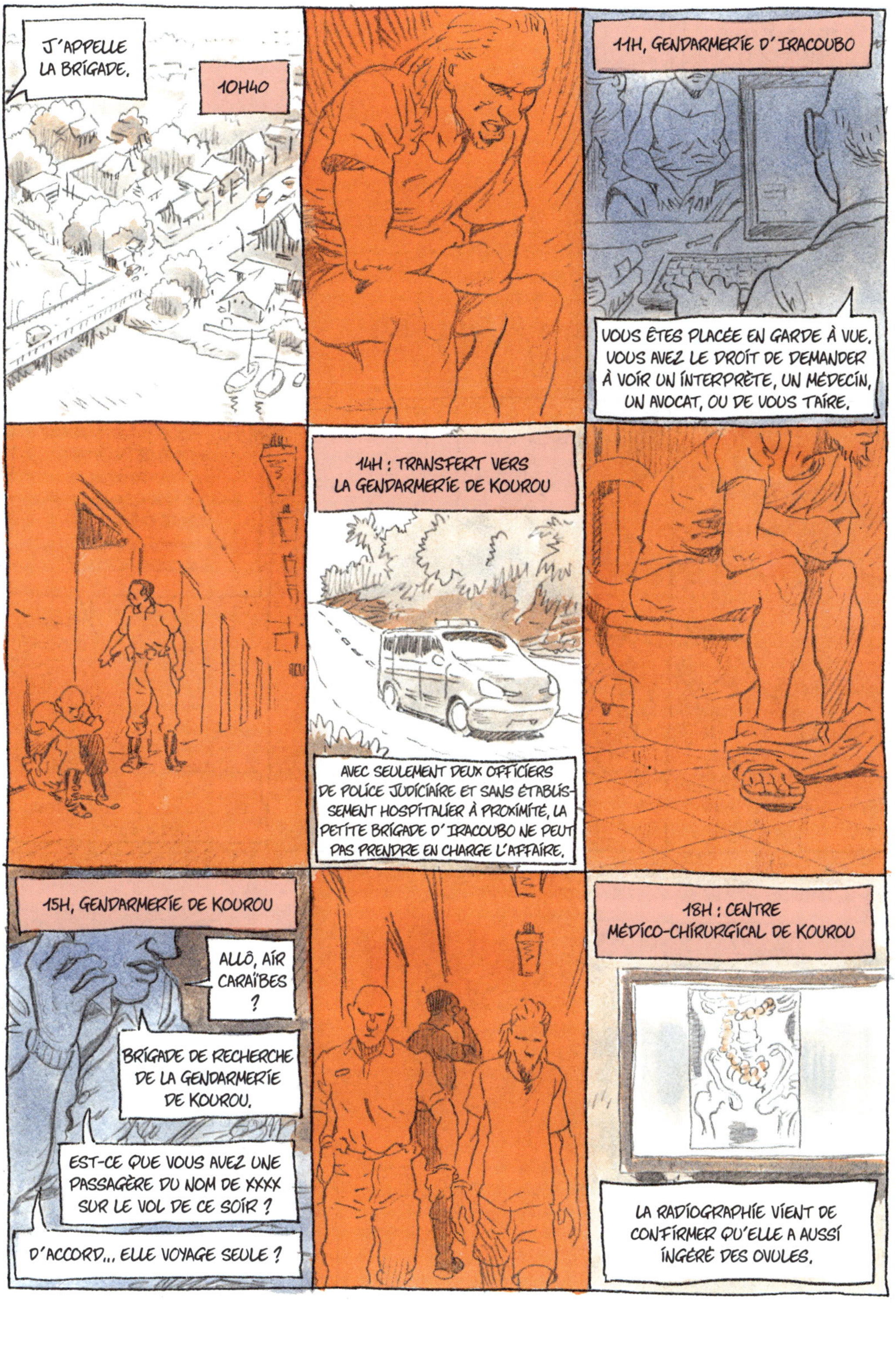
J'APPELLE LA BRIGADE.
10H40
11H, GENDARMERIE D'IRACOUBO
VOUS ÊTES PLACÉE EN GARDE À VUE, VOUS AVEZ LE DROIT DE DEMANDER À VOIR UN INTERPRÈTE, UN MÉDECIN, UN AVOCAT, OU DE VOUS TAIRE.
14H : TRANSFERT VERS LA GENDARMERIE DE KOUROU
AVEC SEULEMENT DEUX OFFICIERS DE POLICE JUDICIAIRE ET SANS ÉTABLISSEMENT HOSPITALIER À PROXIMITÉ, LA PETITE BRIGADE D'IRACOUBO NE PEUT PAS PRENDRE EN CHARGE L'AFFAIRE.
15H, GENDARMERIE DE KOUROU
ALLÔ, AIR CARAÏBES ?
BRIGADE DE RECHERCHE DE LA GENDARMERIE DE KOUROU.
EST-CE QUE VOUS AVEZ UNE PASSAGÈRE DU NOM DE XXXX SUR LE VOL DE CE SOIR ?
D'ACCORD... ELLE VOYAGE SEULE ?
18H : CENTRE MÉDICO-CHIRURGICAL DE KOUROU
LA RADIOGRAPHIE VIENT DE CONFIRMER QU'ELLE A AUSSI INGÉRÉ DES OVULES.

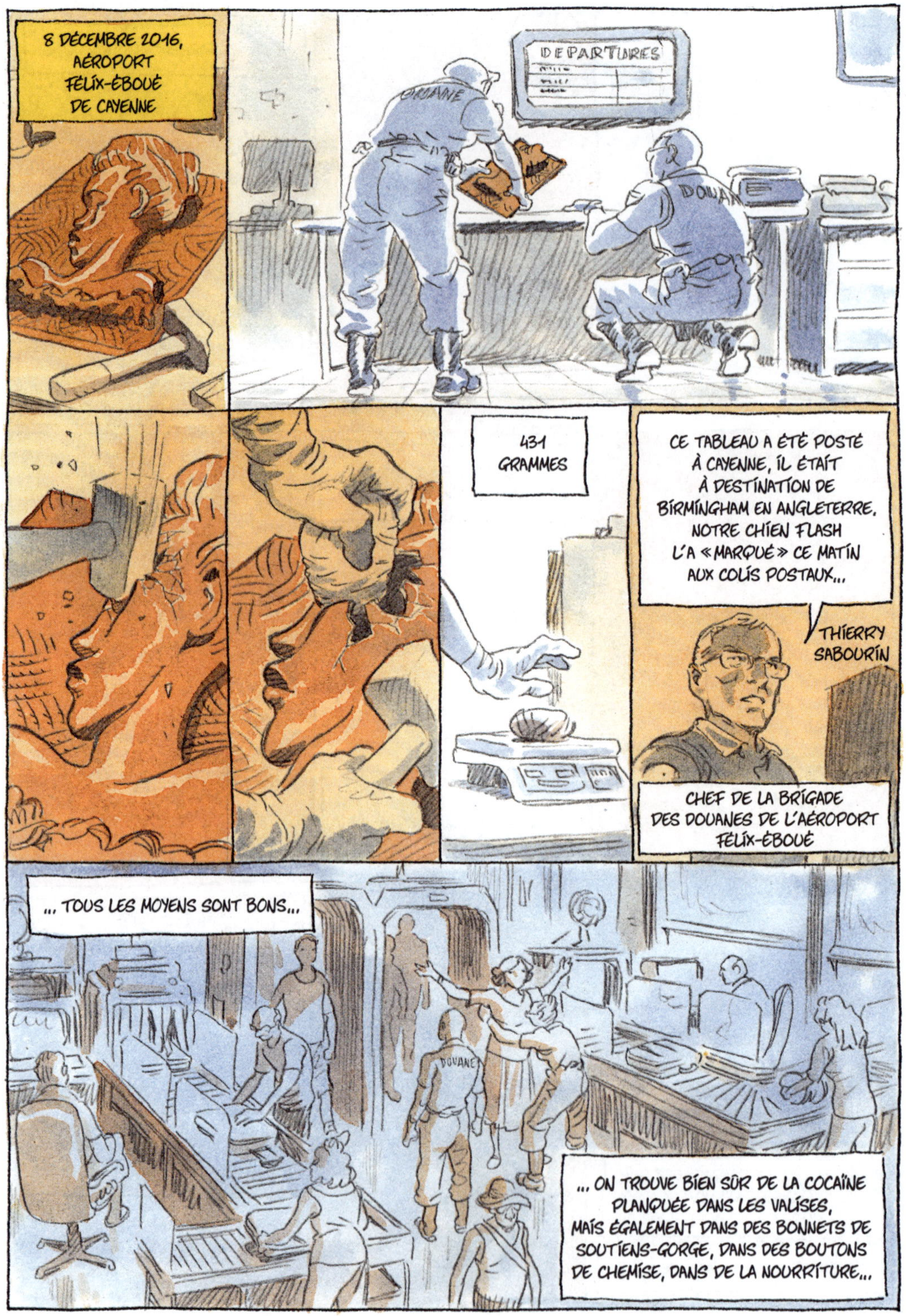
8 DÉCEMBRE 2016, AÉROPORT FÉLIX-ÉBOUÉ DE CAYENNE
DEPARTURES
DOUANE
DOUANE
431 GRAMMES
CE TABLEAU A ÉTÉ POSTÉ À CAYENNE, IL ÉTAIT À DESTINATION DE BIRMINGHAM EN ANGLETERRE. NOTRE CHIEN FLASH L'A « MARQUÉ » CE MATIN AUX COLIS POSTAUX...
THIERRY SABOURIN
CHEF DE LA BRIGADE DES DOUANES DE L'AÉROPORT FÉLIX-ÉBOUÉ
... TOUS LES MOYENS SONT BONS...
DOUANE
... ON TROUVE BIEN SÛR DE LA COCAÏNE PLANQUÉE DANS LES VALISES, MAIS ÉGALEMENT DANS DES BONNETS DE SOUTIENS-GORGE, DANS DES BOUTONS DE CHEMISE, DANS DE LA NOURRITURE...

... POUR NOUS, UNE MULE, C'EST UN PASSAGER QUI TRANSPORTE DE LA DROGUE DANS SA VALISE OU DANS SON CORPS...
... ON ÉVALUE À DEUX TONNES PAR AN LA QUANTITÉ DE DROGUE QUI TRANSITE VIA UN CORPS HUMAIN...
... POUR MOI, C'EST 20 À 30 PASSAGERS PAR JOUR.

LA COCA DONT EST TIRÉE LA COCAÏNE EST CULTIVÉE EN COLOMBIE, AU PÉROU ET EN BOLIVIE. L'ONU ESTIME ENTRE 746 ET 943 TONNES LA QUANTITÉ DE COCAÏNE PRODUITE (PURE À 100 %) EN 2014.
U.S.A.
MEXIQUE
FRANCE
COLOMBIE
69 000 ha de culture de cocaïer 52 % de la culture mondiale
VENEZUELA
GUYANE
PÉROU
42 900 ha de culture de cocaïer 32 % culture mondiale
ÉQUATEUR
BOLIVIE
20 400 ha de culture de cocaïer 15 % de la culture mondiale
BRÉSIL
PARAGUAY
CHILI
ARGENTINE
À L'ÉCHELLE MONDIALE, LES CONSOMMATEURS SONT 18,8 MILLIONS SELON LES ESTIMATIONS DE L'ONU : 5 MILLIONS EN AMÉRIQUE DU NORD, 4,5 MILLIONS EN AMÉRIQUE LATINE, 4 MILLIONS EN EUROPE...
TOUS CES CHIFFRES SONT TIRÉS D'UN RAPPORT DE L'OFFICE DES NATIONS UNIES CONTRE LA DROGUE ET LE CRIME (WORLD DRUG REPORT 2016).

LA DROGUE PRODUITE DANS LES TROIS PAYS ANDINS ARRIVE EN GUYANE EN TRANSITANT PAR LE VENEZUELA OU, PLUS SOUVENT ENCORE, PAR LE SURINAME.
VENEZUELA
GUYANA
SURINAME
COLOMBIE
GUYANE
BRÉSIL
CETTE EX-COLONIE HOLLANDAISE EST RÉGULIÈREMENT QUALIFIÉE DE NARCO-ÉTAT, CERTAINS DE SES DIRIGEANTS FONT L'OBJET D'UN MANDAT D'ARRÊT INTERNATIONAL POUR TRAFIC DE STUPÉFIANTS.
DESI BOUTERSE, PRÉSIDENT DU SURINAME
DEPUIS QUE LE CONTRÔLE S'EST RENFORCÉ À L'AÉROPORT D'AMSTERDAM, EN 2014, LA NARCOROUTE SURINAME-EUROPE PASSE PAR LA GUYANE.
UN FLEUVE DE 530 KM DE LONG, LE MARONI, FAIT OFFICE DE FRONTIÈRE AVEC LE SURINAME. LE TRAVERSER PREND QUELQUES MINUTES EN PIROGUE, CE QUI REND CETTE FRONTIÈRE INCONTRÔLABLE.
UNE FOIS LA DROGUE SUR LE SOL FRANÇAIS, LES TRAFIQUANTS LA FONT ACHEMINER PAR DES MULES QUI VOYAGENT SUR LES DEUX VOLS QUOTIDIENS CAYENNE-PARIS.

THIERRY SABOURIN : « LES TRAFIQUANTS N'ONT AUCUNE DIFFICULTÉ À TROUVER DES PERSONNES VOLONTAIRES...
... IL Y A PEU DE TEMPS, ON A ARRÊTÉ UNE JEUNE FILLE DE 19 ANS ; ELLE NOUS A RACONTÉ QU'ELLE AVAIT ELLE-MÊME DEMANDÉ DANS SA CITÉ SI ELLE POUVAIT FAIRE ÇA... »
J'AVAIS BESOIN D'ARGENT. ON M'A PROPOSÉ 1500 EUROS.
POUR DEUX KILOS ? VOUS SAVEZ COMBIEN ÇA SE VEND À PARIS ?
...
LA COCAÏNE SAISIE EN GUYANE EST PURE À 70-80 %. CELLE VENDUE EN MÉTROPOLE L'EST ENTRE 20 ET 30 %. LES TRAFIQUANTS COUPENT EN GÉNÉRAL TROIS FOIS LA COCAÏNE IMPORTÉE DE GUYANE.
LE GRAMME DE COCAÏNE SE VEND EN MOYENNE 65 EUROS DANS L'HEXAGONE.
2 KG = 130 000 EUROS
X 3 = 390 000 EUROS
UN KILOGRAMME DE COCAÏNE PURE COÛTE 3 000 EUROS AU SURINAME.

TRANSPORTER DE LA COCAÏNE DANS LE CORPS PEUT ÊTRE EXTRÊMEMENT DANGEREUX.
LA DOSE LÉTALE EST DE 1,2 GRAMME. LES OVULES CONTIENNENT ENTRE 6 ET 10 GRAMMES. CHAQUE PASSEUR EN INGÈRE PLUSIEURS DIZAINES (GÉNÉRALEMENT ENTRE 500 G ET 1 KG). LEUR CONDITIONNEMENT EST PLUS OU MOINS SOLIDE.
IL SUFFIT QU'UN OVULE SE ROMPE POUR TUER LA MULE, D'OÙ L'ABSOLUE NÉCESSITÉ DE GARDER LES PERSONNES INTERPELLÉES À L'HÔPITAL JUSQU'À L'EXPULSION TOTALE DES OVULES.
LES MULES PRENNENT DES LAXATIFS POUR VIDER LEUR TUBE DIGESTIF AVANT DE SE « CHARGER », SOUVENT LA NUIT PRÉCÉDANT LE VOYAGE. ENSUITE, ELLES ÉVITENT DE MANGER ET DE BOIRE AFIN DE RALENTIR LEUR TRANSIT.
MONSIEUR, VOUS DÉSIREZ QUELQUE CHOSE ?
LE 13 FÉVRIER 2017, UNE FEMME DE 32 ANS EST MORTE DANS LE VOL AIR FRANCE ENTRE CAYENNE ET PARIS. ELLE AVAIT INGÉRÉ UNE SOIXANTAINE D'OVULES DE COCAÏNE, AU CONDITIONNEMENT « EXTRÊMEMENT PRÉCAIRE » D'APRÈS LA PROCUREURE LAURE BECCUAU, DU PARQUET DE CRÉTEIL.

MAIS LE RISQUE DE SE FAIRE ARRÊTER RESTE MINIME.
VOUS NOUS SUIVEZ, S'IL VOUS PLAÎT.
VOUS ALLEZ DONC À LA GARE DE L'EST ?
JE SAIS PAS.
MAIS QUAND VOUS ALLEZ ARRIVER À PARIS... APRÈS, IL FAUT SAVOIR OÙ L'ON VA !
OUAIS, MAIS JE SAIS PAS, MOI.
IL NE SAIT MÊME PAS OÙ IL VA, LUI.
MAIS C'EST UNE AUTRE VERSION PAR RAPPORT À CE QUE VOUS NOUS DISIEZ TOUT À L'HEURE. TOUT À L'HEURE, VOUS PARLIEZ DE CHARLES-DE-GAULLE...
MAIS MOI, JE CONNAIS PAS !
MOI, CE QUE JE CONSTATE C'EST QUE LE BILLET N'A PAS ÉTÉ DU TOUT ACHETÉ DANS LES CONDITIONS QUE VOUS NOUS AVEZ DÉCRITES.
VOUS VOULEZ APPELER MA MÈRE ?
VOUS ÊTES VENU COMMENT DE SAINT-LAURENT-DU-MARONI AUJOURD'HUI ?
EN TAXI.
LA VOITURE QUI VOUS A DÉPOSÉ, C'EST UN TAXI ? UN TAXI MARRON, QUOI ?!
JE SAIS PAS, C'EST UN TAXI.
DOUANE
SI C'EST UN TAXI AU BLACK OU UN TAXI OFFICIEL, ÇA IL NE SAURA PAS.
L'ADRESSE À ST-LAURENT, LÀ ? ALLÉE DES ROSES, C'EST BON, ÇA ? LOTISSEMENT FLORE ?

* MODE D'AGRICULTURE TRADITIONNEL GUYANAIS.

ON SE CONCENTRE SUR LES MOYENS CACHÉS PARCE QUE «LES BOULETTEUX», COMME ON DIT DANS LE JARGON, ÇA NOUS PREND UNE ÉNERGIE FOLLE POUR PARFOIS SEULEMENT 500 GRAMMES. MAINTENANT, ON LES ÉVITE…
THIERRY SABOURIN
… QUELLE QUE SOIT LA QUANTITÉ TRANSPORTÉE, LE CONSTAT D'UNE INFRACTION ENCLENCHE UNE LONGUE PROCÉDURE JUDICIAIRE…
… LA RETENUE DOUANIÈRE COMMENCE SI ON A DES AVEUX OU UNE RADIOGRAPHIE POSITIVE…
POLICE
… ELLE PEUT DURER JUSQU'À 24H. LES DROITS Y SONT LES MÊMES QU'EN GARDE À VUE…
… NOTRE EFFECTIF EST RELATIF À LA FRÉQUENTATION DE L'AÉROPORT :
22 DOUANIERS POUR 450 000 PASSAGERS PAR AN…
… SI ON NOUS LE DEMANDAIT, ON POURRAIT ARRÊTER 30 PERSONNES PAR JOUR.
MAIS ENSUITE IL FAUDRAIT QUE ÇA SUIVE.

L'INTERPELLÉ EST ENSUITE REMIS À UN OFFICIER DE POLICE JUDICIAIRE.
OUI, ALLÔ ?
UN DES SUJETS DE TENSION ENTRE LA POLICE JUDICIAIRE ET LES DOUANES EST L'HEURE DU PASSAGE DE RELAIS.
HMM...
J'AIMERAIS BIEN SAVOIR SI ON NOUS A ROULÉS DANS LA FARINE !
SELON L'HORAIRE, C'EST À L'UN OU À L'AUTRE DE CES SERVICES QU'IL INCOMBE D'ASSURER LA GARDE DE LA MULE LA PREMIÈRE NUIT D'EXPULSION DES OVULES À L'HÔPITAL.
OUAIS ...
JE ME SUIS UN PEU AGACÉ CE MATIN.
IL N'EST PAS RARE QUE LES DOUANIERS PASSENT UNE NUIT BLANCHE À L'HÔPITAL.
IL FAUT ÉVITER QUE CELA SE REPRODUISE, C'EST DÉJÀ ASSEZ COMPLIQUÉ COMME ÇA.
APRÈS LA RETENUE DOUANIÈRE, LE PASSEUR EST TRANSFÉRÉ AUX OFFICIERS DE POLICE JUDICIAIRE. LA GARDE À VUE PEUT ALORS DURER JUSQU'À 96H.
LA PRISE EN CHARGE D'UNE MULE REPRÉSENTE 31 JOURS DE TRAVAIL POUR UN GENDARME, DES EFFECTIFS QUI NE SONT PAS MOBILISÉS AILLEURS.
À L'UNITÉ MÉDICO-JUDICIAIRE DE CAYENNE, LES DEUX CHAMBRES CARCÉRALES SONT VITE PLEINES.
AUX HÔPITAUX DE SAINT-LAURENT-DU-MARONI ET DE KOUROU, LES GARDÉS À VUE SONT PLACÉS DANS DES CHAMBRES CLASSIQUES, CE QUI COMPLIQUE LEUR SURVEILLANCE.
AU VU DE CES CONTRAINTES, LES SERVICES DE L'ÉTAT PEINENT À INTERPELLER PLUS D'UN PASSEUR À LA FOIS.

THIERRY SABOURIN : « ILS SAVENT QUE L'ON EST DÉPASSÉS...
... AUJOURD'HUI, IL VAUT MIEUX PASSER 5 X 2 KG OU 10 X 1 KG QUE 10 KG D'UN COUP. »
ELLE VA OÙ, LA DAME ? VOUS ALLEZ OÙ, MADAME ?
JE VAIS À PARIS.
VOUS ÊTES PARISIENNE ALORS.
VOUS N'HABITEZ PAS À PARIS, VOUS HABITEZ À TOURCOING.
OUI, MAIS C'EST LA MÊME CHOSE.
C'EST LA MÉTROPOLE, MAIS CE N'EST PAS AU MÊME ENDROIT.
VOUS ÊTES VENUE POUR QUELLE RAISON ?
PARCE QUE MA GRAND-MÈRE EST DÉCÉDÉE, SUR LE FLEUVE.
VENEZ ME VOIR.
ÉCARTEZ UN PEU LES JAMBES.
JE VAIS VOUS TOUCHER LES CHEVEUX.
VOUS TRAVAILLEZ ?
NON. JE NE SUIS PAS ALLÉE À L'ÉCOLE.
COMMENT VOUS VIVEZ ?
J'HABITE AVEC MON COPAIN.
QU'EST-CE QU'IL FAIT ?
MÉCANICIEN.
TOUT À L'HEURE, IL NE TRAVAILLAIT PAS.
VOUS AVEZ CHANGÉ DE COIFFURE ?
POURQUOI, J'AI PAS LE DROIT ?
LA SEULE CHOSE QUE VOUS N'AVEZ PAS LE DROIT DE FAIRE, C'EST DE TRANSPORTER DES CHOSES INTERDITES.
VOUS ÊTES VENUE PLUSIEURS FOIS EN GUYANE CETTE ANNÉE ?
OUI, PEUT-ÊTRE 3 FOIS.
CE N'EST PAS 3 FOIS. J'AI REGARDÉ VOTRE PASSEPORT, J'AI COMPTÉ 6 OU 7 FOIS.
7 FOIS ?!

COMMENT C'EST POSSIBLE ? VOUS NE TRAVAILLEZ PAS.
JE SUIS COIFFEUSE À DOMICILE.
C'EST PAS DÉCLARÉ.
J'AI VU TOUS LES TAMPONS. ELLE FAIT TROIS SEMAINES, UN MOIS À CHAQUE FOIS. FÉVRIER. AVRIL-MAI. OCTOBRE. NOVEMBRE.
ON VA RANGER VOS AFFAIRES.
ATTENDS...
... LAISSE-MOI T'AIDER.
T'INQUIÈTE PAS, LA PROCHAINE FOIS, TU M'EMBÊTES PLUS PARCE QUE JE VAIS QUITTER LA VI...E. C'EST BIEN POUR MOI.
QU'EST-CE QUE VOUS RACONTEZ ?!
QUITTER QUOI ?
LA VILLE ! QUITTER LA VILLE. JE VAIS DÉMÉNAGER, SUR LE FLEUVE.
ON VA REMETTRE VOTRE VALISE DANS L'AVION.

NOUS AVONS PU OBSERVER QUE LES DOUANIERS NE CONTRÔLENT PAS À L'AVEUGLE.
THIERRY SABOURIN : « ON NE PEUT PAS CONTRÔLER 500 PASSAGERS PAR JOUR. ON NE VA PAS PERDRE NOTRE TEMPS SUR DES GENS QUI NE NOUS INTÉRESSENT PAS...
... LE CHIEN, LUI, N'A PAS D'IDÉE PRÉCONÇUE, IL PART DU BAGAGE POUR REMONTER À LA PERSONNE. NOUS, NOUS PARTONS DE LA PERSONNE POUR FOUILLER LE BAGAGE...
... ON FAIT DU PROFILAGE VISUEL ET DU CIBLAGE BASÉ SUR LES INFORMATIONS TRANSMISES PAR LES COMPAGNIES AÉRIENNES. »
AIR CARAIBES
CE « CIBLAGE » PREND EN COMPTE LES CONDITIONS D'ACHAT DU BILLET, L'ÂGE ET L'ORIGINE DU PASSAGER. DANS LES FAITS, C'EST LA JEUNESSE BUSHINENGE DE L'OUEST DE LA GUYANE QUI EST CIBLÉE.
LES BUSHINENGE SONT DES PEUPLES DU SURINAME ET DE GUYANE FRANÇAISE, DESCENDANTS D'ESCLAVES MARRONS RÉVOLTÉS PARTIS FONDER DES VILLAGES EN FORÊT.

LES BUSHINENGE COMPOSENT AUJOURD'HUI LA MAJORITÉ DE LA POPULATION DES BERGES DU MARONI ET DE SAINT-LAURENT-DU-MARONI, EN PASSE DE DEVENIR LA VILLE LA PLUS PEUPLÉE DU DÉPARTEMENT.
MAIS CETTE POPULATION EST LOIN DE CONSTITUER LE SEUL VIVIER DE PASSEURS. LES PROFILS SONT VARIÉS.
FRANCE-GUYANE
WWW.FRANCEGUYANE.FR
TROIS MEMBRES D'UNE FAMILLE MARSEILLAISE INTERPELLÉS AVEC 53 KG DE COCAÏNE DANS LEURS
UYANE
AVANT QUE LA GUYANE NE DEVIENNE UN DÉPARTEMENT, EN 1946, LES POPULATIONS DE LA COLONIE ÉTAIENT CATÉGORISÉES. AMÉRINDIENS ET BUSHINENGE ÉTAIENT CLASSÉS COMME DES « POPULATIONS PRIMITIVES ». AUJOURD'HUI ENCORE, L'APPARTENANCE ETHNIQUE EST UN CRITÈRE CENTRAL D'ANALYSE ET D'ORGANISATION DE LA SOCIÉTÉ.
GENDARMERIE
LES BUSHINENGE SONT LES PLUS CONTRÔLÉS, ARRÊTÉS ET CONDAMNÉS POUR TRAFIC DE COCAÏNE, CE QUI REVIENT À CRIMINALISER UN GROUPE ETHNIQUE.

TRIBUNAL CORRECTIONNEL DE CAYENNE, LE 14 DÉCEMBRE 2016
TANIA SIMSON
36 ANS
1 155 GRAMMES DE COCAÏNE (122 OVULES CACHÉS DANS LE SOUTIEN-GORGE)
SOMME PROMISE EN ÉCHANGE : 7 000 EUROS
INTERPELLÉE À L'AÉROPORT LE 10 DÉCEMBRE 2016
RICHARD MARENGO
18 ANS
600 GRAMMES (62 OVULES INGÉRÉS)
SOMME PROMISE EN ÉCHANGE : 3 500 EUROS
INTERPELLÉ À L'AÉROPORT LE 9 DÉCEMBRE 2016
JULIENNE BOOBE
42 ANS
1 503 GRAMMES (2 SACHETS COMPRESSÉS DANS LE SOUTIEN-GORGE)
SOMME PROMISE EN ÉCHANGE : 7 000 EUROS
INTERPELLÉE À L'AÉROPORT LE 14 NOVEMBRE 2016
MARC EDUARDS
20 ANS
2 223 GRAMMES (257 OVULES, DONT UNE PARTIE INGÉRÉE)
SOMME PROMISE EN ÉCHANGE : 9 000 EUROS
INTERPELLÉ À IRACOUBO LE 13 NOVEMBRE 2016
DYLAN AFE
19 ANS
896 GRAMMES (59 OVULES DANS LA VALISE)
SOMME PROMISE EN ÉCHANGE : 3 000 EUROS
INTERPELLÉ À L'AÉROPORT LE 9 DÉCEMBRE 2016
NOUS ALLONS EXAMINER CES FAITS RAPIDEMENT CAR ILS SONT MALHEUREUSEMENT D'UNE SIMPLICITÉ CLASSIQUE...
CE SONT DES FAITS ASSEZ SIMPLES QUI SE RESSEMBLENT BIEN SOUVENT...
... DES FAITS PAS TRÈS COMPLIQUÉS, HÉLAS...
GENDA
EN 2016, 371 MULES - DONT 48 MINEURS - ONT FAIT L'OBJET D'UNE PROCÉDURE JUDICIAIRE AU TRIBUNAL DE CAYENNE, CONTRE 183 EN 2014.

VOUS ESSAYEZ D'AVALER LES OVULES MAIS VOUS N'Y ARRIVEZ PAS.
EN FRANCE, ON LUI AURAIT FAIT SIGNE POUR QU'ELLE REMETTE LA DROGUE À QUELQU'UN.
VOUS N'AVIEZ JAMAIS PRIS L'AVION ?
UN CERTAIN BIG MAN RENCONTRÉ DANS LE QUARTIER DE LA CHARBONNIÈRE À SAINT-LAURENT-DU-MARONI...
ILS VOUS ONT DIT QUE SI VOUS FAISIEZ DES LAVEMENTS, SI VOUS BUVIEZ DES FEUILLAGES, VOUS NE SERIEZ PAS ARRÊTÉ ?
C'EST TCHATCHA DU VILLAGE SAAMAKA DE KOUROU QUI VOUS PROPOSE ÇA...
VOUS PENSIEZ POUVOIR PASSER ?
PRÉSIDENT DU TRIBUNAL CORRECTIONNEL

À ROUBAIX, VOUS SYMPATHISEZ AVEC UN DEALER ET COMME VOUS ÊTES GUYANAIS, IL VOUS PROPOSE DE FAIRE UN TRAJET ?
BIG MAN, IL A 35 ANS, IL EST DE CORPULENCE FORTE. C'EST MOI QUI L'APPELLE COMME ÇA, JE NE CONNAIS PAS SON NOM.
LES ENQUÊTEURS NE REMONTENT POUR AINSI DIRE JAMAIS LES FILIÈRES. DES RABATTEURS SONT QUELQUEFOIS INTERPELLÉS, MAIS JAMAIS LES MAILLONS SUPÉRIEURS. LA COOPÉRATION AVEC LE SURINAME EST INEXISTANTE. CE SONT LES PASSEURS, DERNIER ROUAGE DU TRAFIC, QUI EN SUBISSENT LES CONSÉQUENCES.

IL EXISTE, CE BIG MAN, OU C'EST UNE MODE ? ÇA FAIT UN MOIS QU'IL APPARAIT DANS LES PROCÉDURES !
LA ROUTE GUYANE-TOULOUSE, GUYANE-MONTPELLIER, ELLE EXISTE ! IL Y A DES VILLES QUI REVIENNENT PRESQUE SYSTÉMATIQUEMENT.
EN MÉTROPOLE, QUAND ON EST DE SAINT-LAURENT-DU-MARONI, CELA A DE LA VALEUR.
ILS M'ONT DIT : N'IMPORTE OÙ TU VAS LE METTRE, TU VAS PASSER SANS PROBLÈME.
ISABELLE ARNAL, LA SUBSTITUTE DU PROCUREUR
TANIA SIMSON
INTERPRÈTE
ELLE EST TYPIQUEMENT LA PASSEUSE DE CES ORGANISATIONS.
... UNE MISÈRE SOCIALE ET HUMAINE CERTAINE, PRISE À PROFIT PAR LES ORGANISATIONS CRIMINELLES. ILS FONT PRESQUE LA QUEUE POUR AVOIR LA POSSIBILITÉ DE PRENDRE TOUS LES RISQUES POUR 3500 EUROS. ON SACRIFIE DES PASSEURS SUR CHAQUE VOL !
JE NE POUVAIS PLUS INGÉRER, ALORS AUTANT ESSAYER DE LES PASSER DANS LA VALISE.
TOUT SAUF LA PRISON, C'EST TROP DUR.

« C'EST CLAIR QUE JE REMPLIS LA PRISON », RECONNAÎT ÉRIC VAILLANT, PROCUREUR DE LA RÉPUBLIQUE EN GUYANE. AU 1ER JANVIER 2017, LE TAUX D'OCCUPATION DU QUARTIER DE LA MAISON D'ARRÊT DU CENTRE PÉNITENTIAIRE DE GUYANE EST DE 196 %[1]. DANS LE QUARTIER DES FEMMES, 90 % DES DÉTENUES LE SONT POUR TRAFIC DE COCAÏNE[2].

[1] SOURCE : DIRECTION DE L'ADMINISTRATION PÉNITENTIAIRE.
[2] D'APRÈS DANIÈLE JOURDAIN-MENNINGER, PRÉSIDENTE DE LA MILDECA - MISSION INTERMINISTÉRIELLE DE LUTTE CONTRE LES DROGUES ET LES CONDUITES ADDICTIVES (INTERVIEW DONNÉE À FRANCE-GUYANE LE 4 OCTOBRE 2016).

LES ÉLUS DE GUYANE TIRENT RÉGULIÈREMENT LA SONNETTE D'ALARME.
INTERDICTION D'AÉROPORT POUR LES PERSONNES DÉJÀ CONDAMNÉES, AUTORISATION PARENTALE DE VOYAGER POUR LES MINEURS, OUVERTURE D'UNE ANTENNE DE L'OFFICE CENTRAL POUR LA RÉPRESSION DU TRAFIC ILLICITE DE STUPÉFIANTS, NOUVEAU QUARTIER CARCÉRAL À L'HÔPITAL DE CAYENNE... L'ÉTAT CHERCHE À ENRAYER CE TRAFIC.
FACE À CES MESURES, LES TRAFIQUANTS DÉVELOPPENT DES STRATÉGIES D'ADAPTATION ET D'ÉVITEMENT : DE NOUVEAUX PROFILS DE PASSEURS SONT RECRUTÉS POUR DÉJOUER LE CIBLAGE ACTUEL.
ET SI, À TERME, LA NARCOROUTE GUYANE-EUROPE DEVIENT TROP CONTRAIGNANTE, ILS CHERCHERONT UN NOUVEAU CHEMIN POUR ACHEMINER L'OR BLANC SUD-AMÉRICAIN VERS SES CONSOMMATEURS EUROPÉENS.

ARRIVÉE
ARRIVÉE

« La cocaïne est la drogue de la performance »

Nathalie Lancial est sociologue. En 2011, elle a soutenu une thèse intitulée *Les Usagers récréatifs cachés de cocaïne : analyse des pratiques dans le nord de la France.* À la même époque, elle a également été membre de l'Observatoire français des drogues et des toxicomanies.

Trois fois moins chère qu'il y a vingt ans, la cocaïne est la deuxième drogue le plus consommée en France, après le cannabis. En deux décennies, la part de la population ayant déjà expérimenté cette substance a été multipliée par sept. Les jeunes adultes sont les plus concernés. Dans la tranche d'âge 26-34 ans, une personne sur dix a déjà pris de la cocaïne. Cette dangereuse popularité s'explique par plusieurs facteurs.

Qui sont les consommateurs de cocaïne en France en 2017 ?

S'il y a un produit pour lequel il n'est pas possible d'établir une typologie, c'est bien celui-ci. Arrivée par les milieux huppés, cette drogue a pénétré ceux que l'on peut qualifier de festifs lorsque ses prix ont baissé. Chez ces consommateurs, déjà habitués à divers stimulants, la cocaïne est très appréciée car elle permet de ne pas ressentir l'ivresse et la fatigue. Mais aujourd'hui, son usage va au-delà. La cocaïne, c'est la drogue de la performance : elle est consommée par des marins pêcheurs pour rester éveillés, par des cuisiniers pour tenir les cadences, dans des métiers stressants comme ceux de la communication et de la finance…

IMAGE TIRÉE DU FILM SCARFACE DE BRIAN DE PALMA (1983)

Anxiété, dépendance psychologique, risques cardiaques et neurologiques : la cocaïne ne laisse pas ses usagers indemnes.

Cette drogue a ceci de particulier qu'elle concerne à la fois des personnes très insérées dans la société et des ultraprécaires, comme les SDF. Elle reste chère *(Ndlr, environ 65 euros le gramme),* mais accessible car les dealers se sont adaptés et vendent désormais au demi-gramme, voire moins.

Comment les consommateurs se fournissent-ils ?

Le deal de rue et le deal d'appartement, qui a souvent lieu dans celui du consommateur, sont deux mondes à part. Le second, réalisé au sein de la sphère privée, est beaucoup plus discret, invisibilisé. Mais les grossistes peuvent être les mêmes.

Quels sont les modes de consommation ?

Chez les populations insérées socialement, festives, la drogue est sniffée, l'injection est taboue. Dans les milieux précaires, le sniff n'existe presque pas. La prise du produit se fait par inhalation - ce que les consommateurs appellent « la chasse au dragon » - mais aussi par injection, deux modes de consommation qui ont un haut potentiel addictif.

Diriez-vous que la cocaïne s'est démocratisée ?

Je ne pense pas que l'on puisse parler de « démocratisation » lorsque 5,6 % des Français ont fait l'expérience de cette drogue. On reste sur des populations spécifiques. Mais son usage se popularise dans le sens où la référence à la cocaïne est entrée dans le langage courant. Sa consommation est assez valorisée car elle est pratiquée par des stars. Les jeunes d'aujourd'hui ont grandi avec cette image trompeuse, la cocaïne ne leur fait pas peur.

LES MODES DE CONSOMMATION DES MILIEUX PRÉCAIRES, INHALATION ET INJECTION, SONT PLUS ADDICTIFS.

Que dit cet usage croissant sur notre société ?

En 1991, dans *Le Culte de la performance*, le sociologue Alain Ehrenberg montrait déjà comment nous sommes enjoints d'être le meilleur au quotidien. Nous vivons dans une société d'individualisation à outrance, où l'on doit être tout le temps performant et montrer une vie idéalisée, notamment sur les réseaux sociaux. À très court terme, la cocaïne répond à ces injonctions.

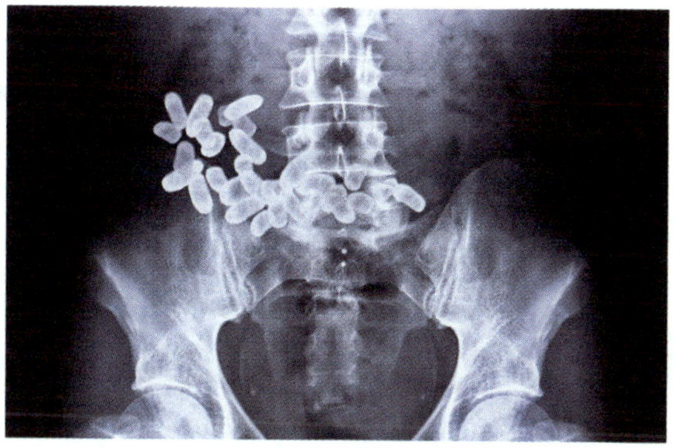

PHOTO : GETTY IMAGES

En 2015, 11 tonnes de cocaïne ont été saisies en France.

MAKING-OF

« Au détour d'un virage, après avoir évité de justesse un paresseux, nous tombons sur un contrôle douanier. Cette brigade nous ne l'avions pas rencontrée pour notre enquête, mais après trois jours de reportage avec leurs collègues de l'aéroport et de Saint-Laurent-du-Maroni, nous connaissions leurs manières de procéder. On se plie au contrôle, jusqu'à ce qu'ils deviennent : **" Une journaliste, un dessinateur... Ah, c'est donc vous qui travaillez sur nous. Allez, filez ! "** ***Pour la discrétion, c'était raté ! »***

Hélène Ferrarini et Damien Cuviller.

À LIRE

Obia, **de Colin Niel.**
Polar guyanais entre trafic de cocaïne et souvenirs de la guerre civile surinamaise.
Éd. du Rouergue (2015).

À VOIR

Maria, pleine de grâce, **de Joshua Marston.**
Fiction équato-colombo-américaine mettant en scène une jeune femme colombienne faisant la mule vers les États-Unis.
Sorti en salle en 2004.

TRAIT POUR TRAIT

Pouvoir subversif. La satire peut-elle changer le cours de l'histoire ? En 1995, « Les Guignols de l'info » auraient fait gagner Jacques Chirac. Deux siècles plus tôt, les caricatures de Louis XVI en cochon auraient accéléré sa chute. Fantasme ou réalité ? La question est au cœur de ce dernier épisode.

FABRICE ERRE   TERREUR GRAPHIQUE

EST-CE QUE LA SATIRE PEUT SAUVER LE MONDE ?
PARDON ?
BEN OUI, JE M'INQUIÈTE POUR MON AVENIR, MOI, DANS CE MONDE DE BRUTES !
J'AIMERAIS BIEN QU'ON RIGOLE UN PEU PLUS ET QU'ON SE KALACHNIKOVE UN PEU MOINS !
ET TU COMPTES SUR LA SATIRE POUR SECOURIR L'HUMANITÉ ?
COMME SUPERMAN ?
SAUF QUE SUPERMAN N'EXISTE PAS...
"SUPERSATIRE" AURAIT-ELLE UN TEL POUVOIR ?
A-T-ELLE MÊME LE MOINDRE POUVOIR ?
SON IMPACT EST BIEN DIFFICILE À ÉVALUER...
ELLE N'ARRÊTE PAS LES TRAINS EN FEU, NI LES COMÈTES FOLLES.
C'EST SUR LES ESPRITS QU'ELLE AGIT, MAIS DANS QUELLE MESURE ?
SON "INFLUENCE" EST FLOUE...
SI DES GENS TUENT DES CARICATURISTES, C'EST QU'ILS LEUR ATTRIBUENT UNE CERTAINE INFLUENCE, NON ?
CE N'EST PAS PARCE QUE DES FOUS CROIENT EN UNE CHOSE QU'ELLE EST VRAIE...
DEPUIS QUE LA PRESSE SATIRIQUE EST NÉE, C'EST UN ÉTERNEL DÉBAT : EST-ELLE DOTÉE D'UNE FORCE CONSIDÉRABLE, OU EST-ELLE PARFAITEMENT INOFFENSIVE ?
C'EST SOUVENT UNE QUESTION DE POINT DE VUE...

D'APRÈS LE PROFESSEUR CHORON, IL N'Y A PAS DE DOUTE...
"HARA-KIRI" A EU UN TRÈS FORT IMPACT SUR SON ÉPOQUE !
« JE SUIS VACHEMENT PRÉTENTIEUX, ET CAVANNA AVEC MOI. AUSSI, AVEC TOUTE L'ÉQUIPE, ON CONSIDÈRE QUE Y AURAIT PEUT-ÊTRE JAMAIS EU DE MAI 68 EN FRANCE SI "HARA-KIRI" N'AVAIT PAS EXISTÉ... »
« HARA-KIRI A INFLUENCÉ PENDANT 8 ANS UNE JEUNESSE QUI A FAIT MAI 68. »
EH OH ! PARCE QUE TU CROIS QUE J'Y SUIS POUR RIEN, MOI, PEUT-ÊTRE ?!?
LA SATIRE PEUT FAIRE DES RÉVOLUTIONS ?
MMH... Y PARTICIPER, OUI...
MAIS LES PROVOQUER ?
EN 1830, LA RÉVOLUTION DES TROIS GLORIEUSES CONTRE CHARLES X A ÉTÉ DÉCLENCHÉE PAR LA PRESSE, DEVENUE LE "QUATRIÈME POUVOIR".
PARMI LES SIGNATAIRES DE L'APPEL À SE RÉVOLTER, IL Y AVAIT "LE FIGARO", QUI SE MOQUAIT DU ROI DEPUIS PLUSIEURS ANNÉES.
LE NATIONAL
LE FIGARO
MAIS QUAND DELACROIX IMMORTALISE CETTE RÉVOLUTION, CE N'EST PAS SUPERSATIRE QU'IL MET AU CENTRE DU TABLEAU...
DOMMAGE, ÇA AURAIT CLAQUÉ !

ET UN AUTRE JOURNAL SATIRIQUE DE L'ÉPOQUE, "LA SILHOUETTE", ADOPTE CES DEUX POINTS DE VUE...
IL SE CONSIDÈRE INOFFENSIF JUSTE AVANT LA RÉVOLUTION...
MAIS EN REVENDIQUE SA PART JUSTE APRÈS !
« VOUS N'OUBLIEREZ POINT QUE LES RÉDACTEURS ET LES DESSINATEURS DE "LA SILHOUETTE" NE SONT QUE DES FOUS (...) INOFFENSIFS COMME DES AGNEAUX, ET QU'UN CRAYON DE LITHOGRAPHE NE PEUT JAMAIS REMPLACER LE POIGNARD DE RAVAILLAC. » (Juin 1830)
LA SILHOUETTE JOURNAL DE CARICATURES
PARIS
« CHACUN SAIT QUE L'INFLUENCE EXERCÉE PAR LES CARICATURES, ET CELLE QUI LAISSE APRÈS ELLE LES PLUS PROFONDS SILLONS. » (Septembre 1830)
EN GROS, ON NE SAIT PAS SI ELLE PEUT PROVOQUER DES ÉVÉNEMENTS...
VOILÀ.
C'EST ÇA.
MAIS EST-CE QU'ELLE PEUT ÉVITER QUE CERTAINS TRUCS SE PASSENT ?
AH ! C'EST ENCORE PLUS DIFFICILE À SAVOIR !
IL FAUDRAIT UNE BOULE DE CRISTAL.
STENDHAL PAR EXEMPLE S'EST BIEN TROMPÉ EN FAISANT DES PRÉDICTIONS EN 1837...
"LE CHARIVARI", À LUI SEUL, RENDRAIT IMPOSSIBLE UN SECOND NAPOLÉON !
SES PREMIERS PAS VERS LA DICTATURE, SES PREMIERS AIRS DE SUPÉRIORITÉ, LOIN DE CRÉER L'ENTHOUSIASME, SERAIENT COUVERTS DE RIDICULE !
POURTANT, UN "SECOND NAPOLÉON" VA BIEN S'IMPOSER MOINS DE QUINZE ANS PLUS TARD, ALORS MÊME QUE "LE CHARIVARI" EXISTE ENCORE !
HAN ! LA HONTE !

EN FAIT, LA SATIRE N'AGIT PAS VRAIMENT DIRECTEMENT SUR LE COURS DES CHOSES...
MAIS PLUTÔT SUR LES MENTALITÉS DES GENS...
CE QUI DEMANDE UN EFFORT LONG ET COMPLIQUÉ...
COMMENT ÇA?
EH BIEN, ELLE EST UNE DISPOSITION D'ESPRIT, UNE MANIÈRE DE VOIR ET DE COMPRENDRE LE MONDE...
MAIS PAS LA SEULE! ELLE COHABITE AVEC PLEIN D'AUTRES, AVEC LESQUELLES ELLE EST EN CONCURRENCE.
DES DISPOSITIONS D'ESPRIT BIEN DIFFÉRENTES, QUI INTERPRÈTENT CHACUNE À SA MANIÈRE LA RÉALITÉ...
LA DISTANCE SATIRIQUE...
LA CROYANCE RELIGIEUSE...
L'IDÉALISME POLITIQUE...
LE LYRISME POÉTIQUE...
LE RATIONNALISME SCIENTIFIQUE...
L'INSTINCT ANIMAL...
ETC. ETC. ETC.
QUI COEXISTENT DANS UNE SOCIÉTÉ, DANS CHAQUE INDIVIDU MÊME, À DES DEGRÉS DIVERS SELON SA SENSIBILITÉ...
QUI SE COMBATTENT, SE COMPLÈTENT, FORGENT LES MENTALITÉS INDIVIDUELLES ET COLLECTIVES, ET QUI "CHANGENT LE MONDE"!
UNE PARTIE DE MOI A ENVIE DE RIRE ET UNE AUTRE DE CROIRE?
UNE AUTRE DE COMPRENDRE, ET AINSI DE SUITE...
CE N'EST PAS FORCÉMENT COHÉRENT, MAIS PAS INCOMPATIBLE NON PLUS...

DANS LE PASSÉ, SUPERSATIRE A PLUSIEURS FOIS ÉTÉ VAINCUE !
QUAND D'AUTRES DISPOSITIONS D'ESPRIT, HYSTÉRISÉES, ONT PRIS LE DESSUS.
ÉTOUFFÉE PAR UNE CROYANCE RELIGIEUSE INTÉGRISTE AU MOYEN ÂGE...
ÉCRASÉE PAR UN IDÉALISME POLITIQUE EXTRÉMISTE SOUS LES RÉGIMES TOTALITAIRES...
AH BEN LÀ, LE MONDE N'EST PAS DEVENU MEILLEUR, ON EST D'ACCORD ?!
DEPUIS DEUX SIÈCLES, ELLE A ÉTÉ RAVIVÉE PAR LA PRESSE ET A LUTTÉ CONTRE ÇA. ON PEUT PARLER ET RIRE DE BEAUCOUP DE SUJETS INTERDITS AUPARAVANT.
EN AGISSANT SUR LES MENTALITÉS, LA SATIRE A DONC CONTRIBUÉ À CHANGER LES GENS, À LES LIBÉRER !
MMH... PAS TOUS, APPAREMMENT : "CHARLIE" A ÉTÉ ATTAQUÉ QUAND MÊME...
IL RESTE DES GENS GUIDÉS PAR L'INTÉGRISME RELIGIEUX ET L'EXTRÉMISME POLITIQUE
QUI ONT BIEN L'INTENTION DE "CHANGER LE MONDE" À LEUR MANIÈRE !
IL FAUDRAIT QUE LA SATIRE ÉCRASE ET ÉTOUFFE À SON TOUR LES EXTRÉMISTES DE TOUT POIL !
HOLÀ ! ELLE A VOCATION À TEMPÉRER PLUTÔT QU'À ÉLIMINER.
TU IMAGINES, SI ELLE GAGNAIT, UN TOTALITARISME SATIRIQUE ? OBLIGATION DE RIRE TOUTE LA JOURNÉE !
PAS SÛR QU'ON AURAIT SAUVÉ LE MONDE !
RHAHAHA !

EN ATTENDANT, ELLE N'A PAS L'AIR TROP EN FORME, LÀ, SI ?...
QUAND MES PARENTS ÉTAIENT JEUNES (À LA FIN DU XXe SIÈCLE) ILS LISAIENT "CHARLIE HEBDO" ET REGARDAIENT "LES GUIGNOLS DE L'INFO" TOUS LES JOURS, MAIS PLUS MAINTENANT.
HAHA ! LES MÉGRET GÈRENT LA VILLE !
CHARLIE
À L'INSU DE LEUR PLEIN GRÉ ?
C'EST VRAI QUE C'EST MOINS SUIVI... EN 2014, "CHARLIE" LANÇAIT UN APPEL AUX DONS POUR SURVIVRE ET SURMONTER LA BAISSE DES VENTES...
ET "LES GUIGNOLS" ONT AUJOURD'HUI 20 FOIS MOINS DE TÉLÉSPECTATEURS QU'IL Y A 20 ANS...
Putain...
Deux ans...
CHARLIE
MAIS ÇA NE VEUT PAS DIRE QUE SUPERSATIRE MEURT !
TU NE RIGOLES PAS SUR DES TRUCS DE L'ACTUALITÉ, TOI ?
AH, SI, J'AI VU PASSER DES VIDÉOS TROP DRÔLES PENDANT LA PRÉSIDENTIELLE DE 2017 !
REGARDEZ ! MACRON EN DRAGONBALL !
C'EST VOOOOTRE PROOOJET !
ILS SONT DANS LES VILLES, DANS LES CAMPAAAGNES...
HA ! HA !
HU ! HU !
LE PEN EN SORCIÈRE DE "BLANCHE-NEIGE" !
JE VEUX DIRE À PENELOPE QUE JE L'AIME !
Péné
Grand Rassemblement
FILLON EN RACAILLE DE LA MAFIA !

TU VOIS, LA SATIRE PREND DE NOUVELLES FORMES, SURGIT À D'AUTRES ENDROITS : ELLE EST TOUJOURS LÀ !
DEPUIS L'ANTIQUITÉ, ELLE S'EST SERVIE DE TOUS LES SUPPORTS, LES TECHNIQUES, LES GENRES POSSIBLES...
LA POÉSIE, L'ÉPIGRAMME, LE GRAFFITI, LE THÉÂTRE, LE LIVRE, LA GRAVURE, LA LITHOGRAPHIE, LA CHANSON, LA PRESSE !
SATIRES
CE N'EST PAS SÛR QU'ELLE PUISSE SAUVER LE MONDE, MAIS AU MOINS LE RENDRE PLUS LIBRE (ET PLUS DRÔLE !)
LE NAIN JAUNE
LA TÉLÉVISION, LE CINÉMA, ET MAINTENANT INTERNET !
Le Canard enchaîné
L'Assiette au Beurre
L'ARGENT
LA CARICATURE
VA SAVOIR OÙ NOUS MÈNERONT SES PROCHAINES AVENTURES ?
YIIIIIIAAAAHH !
CHARLIE HEBDO
L'AMOUR PLUS FORT QUE LA HAINE
FIN
FABRICE ERRE terreur graphique
COULEURS : Sandrine GREFF

SUR
empo

ALGUES VERTES

LA PLAGE SONNÉE

INÈS LÉRAUD · PIERRE VAN HOVE

Des échantillons qui disparaissent dans les laboratoires, des corps enterrés avant d'être autopsiés, des jeux d'influence, des pressions et un silence de plomb. Ne cherchez pas plus loin les ingrédients d'un bon polar. L'intrigue a pour décor le littoral breton et elle se joue sur la durée.

Depuis la fin des années 1980, au moins quarante animaux et trois hommes se sont aventurés sur une plage, ont foulé l'estran et y ont trouvé la mort. L'identité du tueur en série est un secret de polichinelle. Son odeur d'œuf pourri le trahit. L'hydrogène sulfuré (H2S) émanant des algues vertes arrive en tête de la liste des suspects, sa culpabilité dans la mort d'un cheval et dans celle de dizaines de sangliers est avérée. Mais dès qu'il s'agit de victimes humaines, les classements sans suite se succèdent et les autorités cultivent un déni qui frôle la schizophrénie… Plages fermées, panneaux « danger », bandeaux de sécurité ont, dès le début de l'été, donné aux côtes armoricaines un air de scène de crime. Les élus sont sur le pied de guerre pour empêcher *Ulva armoricana* et ses toxiques émanations de frapper à nouveau. La malfaitrice se montre plus coriace que prévu. Encouragées par un hiver doux et lumineux, dopées par les grosses chaleurs de juin, en 2017 les algues vertes ont conquis un territoire trois fois et demi plus important que les autres années. Partout les taux d'hydrogène sulfuré s'envolent, souvent au-delà de ceux qu'un organisme humain peut tolérer. Les associations de protection de l'environnement parlent de « tsunami ».

Marchands de doute

« La nature est très injuste », se désole le vice-président de la région Bretagne. Aux yeux des pouvoirs publics, l'expansion des marées vertes est un affront. Après des décennies à tergiverser, ceux-ci ont fini par reconnaître du bout des lèvres que l'agriculture intensive n'était pas étrangère au fléau. Ces dernières années, l'État a donc investi des dizaines de millions d'euros pour aider les agriculteurs à changer leurs pratiques. Les algues vertes n'en auraient pas eu vent ? La pollution des rivières a bien diminué mais sans effet probant sur les échouages, qui se mesurent toujours en milliers de tonnes. Ce revers suggère que les algues maudites sont le symptôme d'un mal plus profond. Ce mal, la journaliste Inès Léraud et le dessinateur Pierre Van Hove l'ont ausculté. En enquêtant sur le silence qui entoure chaque mort, ils ont déroulé le fil et sont remontés à la racine. C'est là, dans la nébuleuse mêlant gros bonnets de l'agro-industrie, scientifiques à la déontologie suspecte et autres marchands de doute que se nichent la pièce manquante du puzzle, le mobile des camouflages et l'origine d'une omerta.

Chaque année, de mai à septembre, avec les beaux jours, des milliers de tonnes d'algues vertes envahissent les plages du littoral breton.
Quand elles ne sont pas ramassées, les algues vertes s'accumulent sur les plages en couches, pouvant aller jusqu'à 1,50m d'épaisseur...
Elles se décomposent en 48 heures.

En surface, elles sèchent, deviennent blanches et se confondent avec le sable.
Elles forment alors un piège parfait.

Car au-dessous, en se putréfiant, elles développent un gaz ultra toxique qui se concentre sous forme de poches.
L'hydrogène sulfuré ou H2S.
Il est connu pour son odeur d'œuf pourri.
Mais libéré en quantité importante, il anesthésie le nerf olfactif, ce qui le rend indétectable, paralyse le système nerveux et respiratoire...
... Et tue aussi rapidement que du cyanure.

28 juillet 2009, baie de Saint-Michel-en-Grève (Côtes-d'Armor)
Qu'est-ce qui s'est passé ?
Je n'en sais rien !
Il est tombé d'un coup !

* Service mobile d'urgence et de réanimation.

Saint-Michel en-Grève...
Alors, comment vous sentez-vous ce matin ?
Un peu vaseux.
Vincent Petit, vétérinaire
Je ne me souviens même pas de ce qui m'est arrivé...
Où est mon cheval ?
Votre cheval est mort...
Il a sans doute été intoxiqué, tout comme vous...
Quoi ?
Vous avez fait une convulsion et perdu connaissance...On vous a retrouvé cyanosé.
Vous avez eu beaucoup de chance.
Mon Cheval !!
Écoutez, je crois que vous avez été intoxiqué par des émanations dues aux algues vertes...
J'hallucine.
J'ai été confronté à des cas similaires, à deux reprises, au même endroit.
La première fois, c'était il y a vingt ans. J'étais tout jeune médecin.
Je venais juste d'arriver aux urgences à Lannion.

28 juin 1989, baie de
Saint-Michel-en-Grève

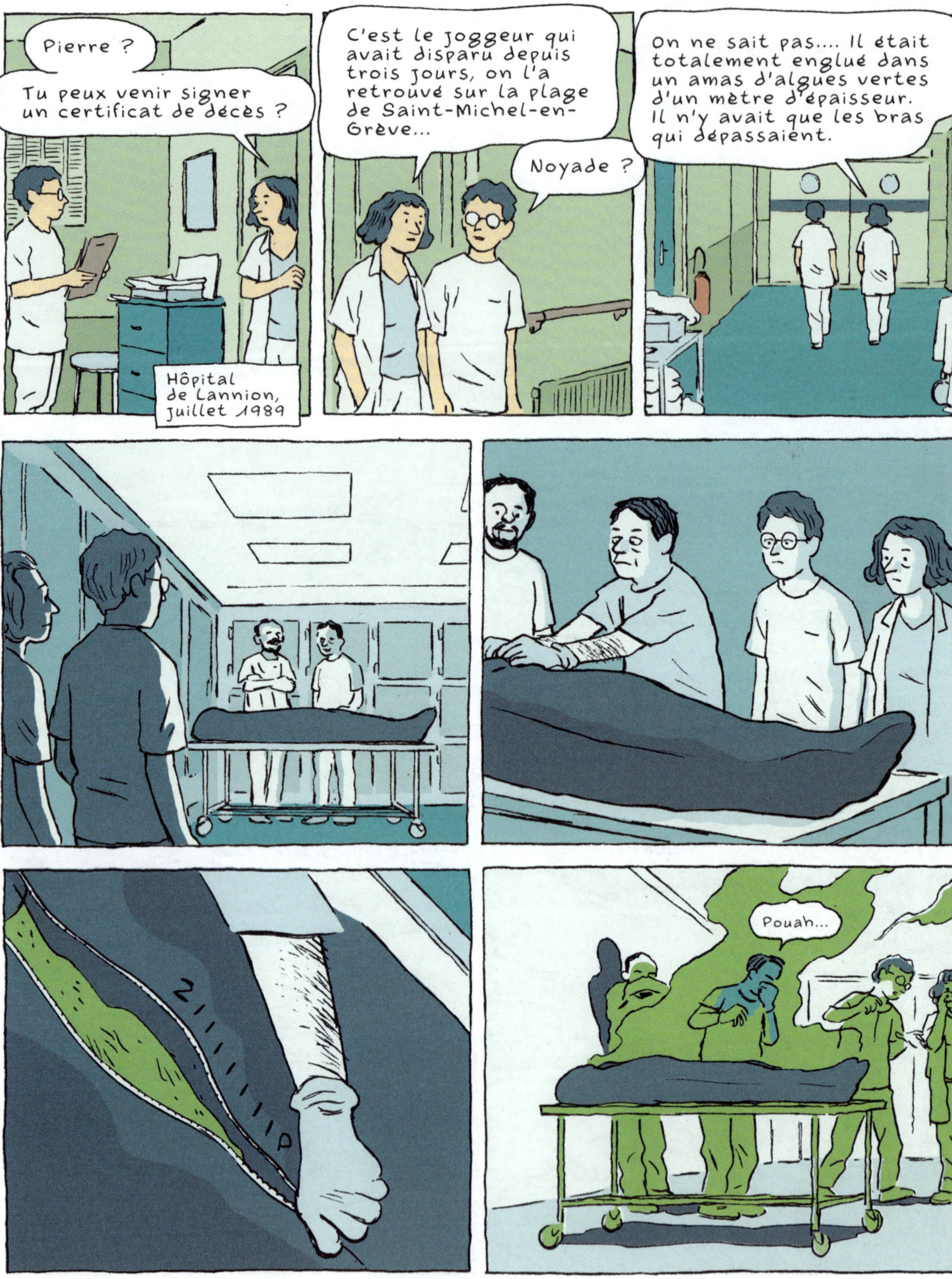
Pierre ?
Tu peux venir signer un certificat de décès ?
Hôpital de Lannion, juillet 1989
C'est le joggeur qui avait disparu depuis trois jours, on l'a retrouvé sur la plage de Saint-Michel-en-Grève...
Noyade ?
On ne sait pas.... Il était totalement englué dans un amas d'algues vertes d'un mètre d'épaisseur. Il n'y avait que les bras qui dépassaient.
ZIIIIIIP
Pouah...

Je ne peux pas l'examiner ! C'est irrespirable !
mmmm
Ce n'est pas le corps qui pue comme ça, ce sont les algues !
On va demander une autopsie...
mmmm
Et qu'ont dit les résultats de l'autopsie ?
Je ne les ai jamais eus.
Je ne sais même pas si cette autopsie a été faite...
Été 2009
Même vingt ans plus tard, quand je les ai demandés, je n'ai jamais réussi à les obtenir.
Le laboratoire chargé de cette analyse dit n'en avoir gardé aucune trace.
Alors, j'ai fait des demandes auprès du procureur de la République, mais à chaque fois c'était une fin de non-recevoir...
On m'envoyait de service en service... j'ai fini par laisser tomber.
Et puis exactement dix ans plus tard, il y a eu ce ramasseur d'algues retrouvé inconscient au volant de son tracteur.
J'ai vu son dossier le lendemain de son transfert à Saint-Brieuc.

5 juillet 1999, baie de Saint-Michel-en-Grève

[1] Maurice Briffaut est resté dans le coma quatre jours, quatre mois hospitalisé, un an en arrêt de travail.
[2] Direction départementale des affaires sanitaires et sociales.

Alors ? Qu'est-ce qu'ils te répondent ?
Eh bien, pas grand-chose...
Qu'il n'y a jamais eu de cas décrits, donc pas de raisons de s'inquiéter... Ni d'approfondir.
C'est une blague !
Bah ! Ils doivent savoir ce qu'ils disent.
C'en est resté là... À l'époque je suspectais l'H2S, aujourd'hui j'en ai la conviction.
Été 2009
Pour en apporter la preuve, il faudrait faire un prélèvement sur votre cheval. Je vous propose qu'on demande une autopsie.
Ok.
À la mairie de Saint-Michel-en-Grève, Vincent Petit apprend que son cheval a été transporté dans un champ à proximité, en attente de l'équarrissage.
L'équarrissage ?
MAIRIE
Comment ça, l'équarrissage ? Mais je n'ai jamais demandé d'équarrissage... J'étais aux urgences à Lannion.
Qui a demandé l'équarrissage ?

Euh... ben ici, à la mairie...
la préfecture nous a appelés ce matin.
Vous plaisantez ! Je veux récupérer la dépouille de mon cheval pour le faire autopsier...
Comment ça, impossible ?
En parallèle, Pierre Philippe sollicite la préfecture.
Ah, mais vous n'avez pas le droit de demander ça.
Vous êtes le propriétaire du cheval ?
Non, mais je suis médecin,
Et il s'agit d'accéder à une connaissance d'intérêt général.
Ah, ça va être compliqué.
Attendez, ne quittez pas...
Il faut que cette demande émane des autorités sanitaires...
Moi, je ne peux rien faire.
Je regrette.
Ça va coûter cher...
Et puis, rien ne prouve qu'il s'agisse d'une intoxication...
Mais justement c'est ce qu'il s'agit de...
Allô ?
Non, je disais que ce n'est pas la première fois que je vous alerte sur un risque grave de santé publique.
Oui, mais aujourd'hui, ça va être difficile...
On est en pleine grève des transporteurs...

Écoutez, puisque vous faites obstruction, je vous colle toutes les associations écologistes sur le dos et j'alerte les médias !!
Directeur adjoint de l'hôpital de Lannion
Monsieur Philippe !
Mais qu'est-ce que vous foutez ??
On a reçu des coups de fil de la DDASS et de la préfecture! ils sont furieux là-bas...
Je vous rappelle que la DDASS est notre autorité de tutelle !
Vous êtes en train d'affoler les foules pour un risque non avéré, c'est grave !
Vous êtes sur la ligne rouge, mon vieux !
Je m'en fous ! Je sais ce que je dis et j'irai jusqu'au bout ! Cette fois-ci, vous ne m'arrêterez pas !!
Allô?
L'autopsie est finalement réalisée aux frais de Vincent Petit et les résultats sont publiés dans la presse.
Télégramme
Polémique à Saint-Michel-en-Grève
Mort d'un cheval ça sent les algues
Les résultats montrent un taux explosif de H2S, qui apporte enfin la preuve de l'intoxication aux algues vertes...

* ppm = partie par million. Un taux de 1 000 ppm est susceptible d'entraîner la mort en quelques minutes.

*Institut national de l'environnement industriel et des risques.

Tribunal administratif de Rennes, 29 juin 2012
Il n'y a pas de lien entre les algues vertes et cet accident.
Le cheval s'est étouffé dans la vase et rien ne prouve qu'il s'y trouvait des algues vertes.
Ce que nous notons aussi, c'est que la victime a fait preuve d'une particulière imprudence, en s'aventurant avec son cheval sur une plage interdite aux animaux, imprudence qui est la seule cause de la mort du cheval.
Contrairement au jugement émis en première instance, le cheval est bien mort à cause des algues vertes.
Et nous tenons l'État, qui connaissait le danger, pour responsable.
Cour d'appel de Nantes, 21 juillet 2014
Mais comme Vincent Petit est vétérinaire, il aurait dû connaître ce risque, sa négligence est donc la cause de l'accident, et nous le considérons responsable aux deux tiers.
Quant à lui, nous estimons qu'il n'a pas été victime des algues vertes mais, euh...
d'un choc émotionnel.

*Agence nationale de sécurité sanitaire de l'alimentation, de l'environnement et du travail.

La mort des sangliers n'a rien à voir avec les algues vertes.
Personne ne pourra jamais prouver qu'il y a un lien.
Directeur de la communication de la préfecture de Saint-Brieuc, 2016
les algues vertes...

Pourquoi ce silence, ce malaise autour des victimes des marées vertes ?

*Institut français de recherches pour l'exploitation de la mer.

*La Bretagne produit 58% des porcs charcutiers français sur 6% de la surface agricole utile nationale. Il y a au moins deux fois plus de cochons que de Bretons (7,3 millions, 3,2 millions). Chiffres 2015.

* Fédération départementale des syndicats d'exploitants agricoles.

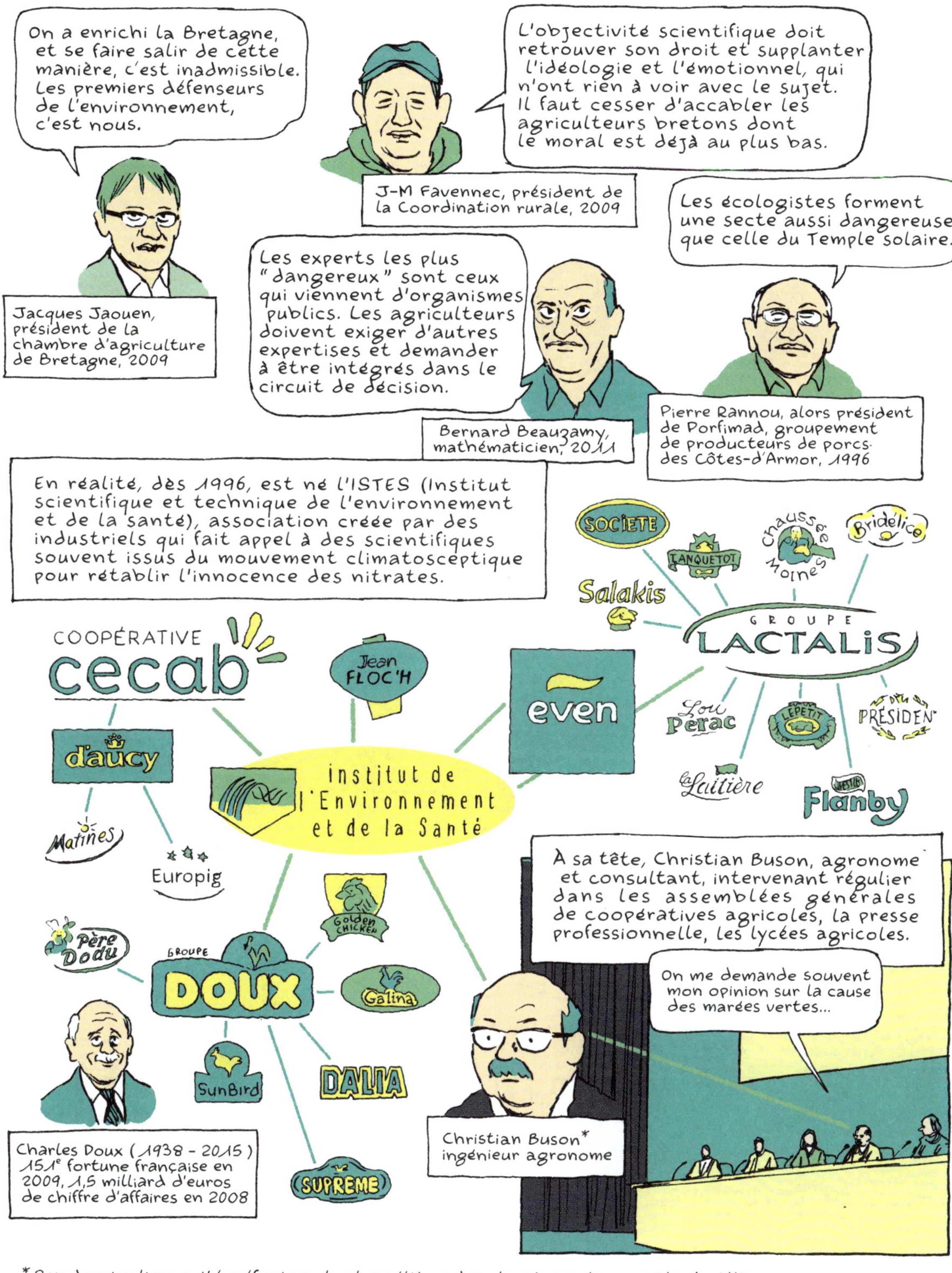

* Son dernier livre a été préfacé par le plus célèbre des climatosceptiques : Claude Allègre.

Je considère que jamais les nitrates n'ont provoqué la moindre prolifération d'algues.
D'ailleurs, je dis souvent que les nitrates sont bons pour la santé.
Mais la disparition des bigorneaux, ça peut être une piste... Peut-être que les marées noires de 1978 ont pu créer les marées vertes en détruisant les bigorneaux mangeurs d'algues...
C'est juste une hypothèse, mais ce n'est pas la seule...
Quant aux conséquences, les marées vertes n'ont jamais tué. Le cheval s'est enlisé et c'est la seule cause de sa mort... Sans s'être enlisé, il aurait survécu...
Ce discours contradictoire a contribué à semer la confusion dans l'opinion publique et chez les agriculteurs.
Buson a raison, on en fait trop avec les algues.
On a parlé d'algues vertes tueuses, il ne faut pas exagérer.
RESTAURANT
Les nitrates, c'est des salades.
Réduire les nitrates, ce n'est pas possible.
Autant supprimer l'agriculture tout court...
Les écologistes nous emmerdent.
En 2012, un rapport ministériel dénoncera officiellement "la stratégie de l'incertitude" mise en place par la filière agroalimentaire pour prolonger l'inaction environnementale.
C'est à cause de tout cet acharnement que les agriculteurs se suicident.

[1] En 2015, le taux moyen dans les rivières était de 35,3 mg/L, selon l'Observatoire de l'eau en Bretagne.
[2] Direction régionale de l'environnement.

En tant que directeur de recherche dans le public, je m'occupe des modalités d'application du principe pollueur-payeur dans l'agriculture.
Ce qu'il faut savoir, c'est que, de 1991 à 2010, le montant des aides publiques perçues par la Bretagne pour limiter la pollution agricole de ses eaux avoisinait le milliard d'euros.
Or, cet investissement a globalement été un échec.
Ces aides reposent souvent sur la simple bonne volonté des producteurs. Les amendes en cas d'excès de pollution par les nitrates sont peu dissuasives.
Par ailleurs, comme 80% de ces aides sont financées par les contribuables, on aboutit au fait que les pollueurs sont subventionnés par les victimes des pollutions.
Les professionnels signent des engagements pour toucher les aides, mais sans garantie de résultats, les objectifs ne sont jamais atteints.
Il y a une omerta totale au sujet des subventions.
Et la question est : où est passé tout cet argent ?

En réalité, ces subventions, distribuées sous le contrôle de la profession agricole elle-même ont servi à étendre et à moderniser les exploitations pour produire davantage.
Grâce aux aides, j'ai pu m'agrandir, sinon je ne m'en sortais pas...
Par exemple, le financement de stations de retraitement du lisier et d'une nouvelle alimentation animale permettant de diminuer de 30 % les rejets azotés a rendu possible une augmentation de 30 % des cheptels.
+30%
-30%
Dès 2013, le comité scientifique du plan algues vertes dénonce publiquement l'inefficacité de la mesure.
Pourtant, il n'y a jamais eu si peu d'algues cette année-là.
C'est à cause de la météo : printemps froid, été tardif. Ça veut rien dire.
Une diminution significative des cheptels d'animaux et des engrais n'est jamais envisagée...
Or, sans ça, on n'arrivera à rien.
Pierre Aurousseau, ingénieur agronome, président du CSEB (Conseil scientifique de l'environnement de Bretagne)

*Institut national de la recherche agronomique.

*Centre de ressources et d'expertise scientifique sur l'eau de Bretagne.

-------- Message original --------

Sujet:
Alerte média

Date :
Tue, 02 Aug 2011 13:02:25 +0200

De :
AVELTIS <[redacted]@aveltis.com>

Pour :
[redacted]@wanadoo.fr

Bonjour,
Nous donnons suite à l'épisode médiatisé lié aux sangliers trouvés morts dans la baie de Morieux.
Les résultats des analyses présentés à la presse hier ne permettent pas de définir l'origine de la cause de la mortalité. Néanmoins de nombreux titres de la presse, écrite et audiovisuelle, mettent en avant le soupçon "H2S".
Nous avons de nombreuses sollicitations de journalistes pour rencontrer des éleveurs de porcs. Selon les consignes des professionnels, nous déclinons ces invitations dans l'attente de résultats définitifs.
C'est Olivier ALLAIN, président de la Chambre départementale d'agriculture des Côtes d'Armor, qui s'exprimera, non pas sur le ton de la justification et de la réaction, mais sur les faits, l'incertitude et la campagne de dénigrement orchestrée en dépit de l'absence de résultats probants.
Parallèlement, des vétérinaires échangent en réseau pour établir une position commune sur ces analyses.
Restant à votre disposition,

CA
BRETAGNE
CR
Cooperl
fnsea
Région
BRETAGNE
DOUX
even
Triskalia
En réalité, FNSEA, chambres d'agriculture, coopératives, banques, représentants de l'État constituent un milieu qui fonctionne avec des permutations de personnages..
PLANS BIDONS
ANTI
NITRATES
Yves-Marie Lelay, président de Sauvegarde du Trégor
Ce n'est pas seulement un lobby qui fait de l'influence auprès des décideurs. Ça va plus loin : Ils fixent la politique agricole, C'est un État dans l'État.
ça...
André Ollivro, président de Halte aux marées vertes
Quand la FNSEA dit "nous avons créé la richesse en Bretagne", elle oublie de dire qu'elle a touché d'énormes subventions pour y parvenir.
Prenons un exemple, Tilly Sabco, abattoirs de poulets industriels, modèle de réussite à l'exportation (Yémen, Arabie saoudite), recevait 25 millions par an d'aide à l'export de la part de l'Europe...
Tilly-Sabco
Le jour où les restitutions européennes ont cessé, l'entreprise a sombré et a été contrainte de licencier.

L'agriculture bretonne vit sous perfusion...
les algues vertes ?
Thierry Thomas, éleveur à Plouisy, Côtes-d'Armor
On en parle très peu entre agriculteurs mais depuis les plans algues vertes on est clairement tenus pour responsables...
Moi, je dis que ce sont les porcs les premiers responsables. Après tout, ce sont eux qui produisent directement le lisier.
Beaucoup d'agriculteurs aimeraient sortir du système intensif, mais c'est pour ainsi dire impossible.
Les emprunts contractés auprès des banques rendent les reconversions difficiles...
Sans compter les mises aux normes permanentes qui bien souvent obligent à contracter de nouveaux emprunts.

Les agriculteurs sont intégrés dans des groupements de producteurs qui leur vendent les animaux, les aliments, les engrais, les pesticides, et leur achètent leur production sans qu'ils puissent en négocier le prix.
Dans le même temps, la richesse s'accumule dans un secteur industriel qui repose sur nous… les gains de productivité sont captés par l'agroalimentaire et la distribution…
SANDERS
Casino
NUTREA
D'ailleurs, la quantité d'engrais vendue a encore augmenté cette année.
Mais on a quand même un peu de marge de manœuvre. Dans les années 1990, j'ai refusé les crédits proposés par le Crédit agricole pour m'agrandir.
Depuis 2007, grâce aux subventions, j'ai pu mettre une partie de mes cochons sur paille. Ça permet de limiter les nitrates.
J'ai aussi tenu à ce que mes truies passent quelques mois de l'année dehors.
Hein, sa mémère !
Ça fait du bien de prendre l'air.
Ouais, t'as raison, c'est bon de souffler un peu.

Aujourd'hui, les algues vertes ont disparu du paysage.
Elles sont en effet ramassées dès leur échouement par des ballets de tracteurs, et acheminées par camion vers des déchetteries.
L'opération coûte près d'un million d'euros par an aux collectivités et à l'État.
Pourtant, les algues continuent de s'accumuler dans certaines zones inaccessibles au ramassage.
Par exemple dans l'estuaire du Gouessant, en baie de Saint-Brieuc.

Les algues, acheminées par le flot des marées, échouent dans ce lieu protégé et finissent par se décomposer dans le substrat vaseux pour former des poches de gaz toxique.
Des dizaines de milliers de mètres cubes de vases toxiques.
Toute forme de vie a donc disparu dans ce milieu putride.
Plus un ver, plus un coquillage, plus un échassier dans cet endroit pourtant classé zone naturelle.
Un paysage morbide, un lieu à l'aspect figé, comme hors du temps.

8 septembre 2016, estuaire
du Gouessant, lieu-dit
Crémur à Pont-Rolland

*Ils ont demandé à rester anonymes.

*100 ppm : perte de connaissance brève. 500 ppm : coma convulsif pouvant rapidement conduire à la mort.

*Également président de l'office de tourisme de la baie de Saint-Brieuc...

Quelques jours plus tard, André Ollivro, président de Halte aux marées vertes, organise avec d'autres militants une conférence de presse dans l'estuaire du Gouessant, à l'endroit précis où est mort le joggeur.
On nous présente cette mort comme le résultat d'un épuisement physique... Ce n'est pas crédible !
19 septembre 2016, Pont-Rolland
Ce joggeur était un grand sportif... Il a été enterré sans aucune analyse ! C'est de la destruction de preuve...
Depuis presque dix ans, nos associations alertent les autorités sur la grave toxicité des marées vertes. Si nous avions été écoutés, ce joggeur serait-il mort ?
Qui sera la prochaine victime?
Nous annonçons déposer plainte pour mise en danger délibérée de la vie d'autrui contre messieurs les préfets de région et des Côtes...
d'Arm...
??!
?!
??
??

*Agriculteur et éleveur à Penvénan, président de l'association Bretagne terre d'eau pure.

*Décès en quelques minutes.

Le lundi 3 avril 2017, le procureur de Saint-Brieuc a classé sans suite l'enquête préliminaire sur la mort du joggeur d'Hillion, n'établissant aucun lien avec les algues vertes...
Cette mort reste un mystère...
Ce n'est pas une surprise...
Non, pas vraiment.
Pourtant, un groupe de neuf médecins et spécialistes en toxicologie a publiquement affirmé en décembre dernier que le décès de cet homme était dû à "une intoxication aiguë à l'hydrogène sulfuré".
Entretenir le doute, c'est persévérer dans l'erreur.
C'est scandaleux !
Nous allons porter plainte !!
Ainsi, jusqu'à présent, aucune mort humaine liée aux algues vertes n'a été reconnue par les tribunaux...
Tiens, regarde.
Un bigorneau.
Inès Léraud
Pierre Van Hove

« L'État préfère payer plutôt que de s'attaquer à la source du problème »

FRANÇOIS LAFFORGUE
Avocat spécialisé dans les affaires de santé et d'environnement. Il s'est fait connaître en défendant les victimes des pesticides. Le 19 octobre 2017, il doit plaider devant le Tribunal des affaires sanitaires et sociales (TASS) un dossier lié aux algues vertes.

Une autre mort étrange… En 2009, le cœur de Thierry Morfoisse lâche alors qu'il vient de transporter des algues vertes ramassées sur une plage de Binic (Côtes-d'Armor). L'homme a alors 48 ans. Sept ans plus tard, maître Lafforgue est saisi du dossier. En parallèle d'une plainte au pénal, il tente de faire reconnaître, face à la CPAM, ce décès comme accident du travail.

M. Morfoisse avait déjà fait un infarctus. Pour votre adversaire, une récidive suffit à expliquer sa mort. Cette version vous convainc-t-elle ?

Non. Il s'agissait d'un infarctus silencieux, inconnu de la victime et de son médecin, découvert lors de l'autopsie. Thierry Morfoisse ne serait pas mort ce 22 juillet 2009 s'il n'avait pas respiré d'hydrogène sulfuré. Nous disposions d'échantillons de sang qui prouvaient l'intoxication. Mais, coup de théâtre, l'hôpital a déclaré que ces échantillons n'avaient pas été conservés dans des conditions appropriées. Les experts ne les ont donc pas retenus et l'instruction pénale a débouché sur un non-lieu, que nous avons contesté.

PHOTO : GILE / SIPA / SIPA

Au moins 90 % des apports azotés proviennent de l'agriculture, selon un rapport ministériel de 2012.

Qu'est-ce qui vous frappe dans ces affaires ?

Ce qui est choquant, c'est l'inaction. Lorsqu'il s'agit d'algues vertes, les centres antipoison et le parquet ne diligentent pas les analyses nécessaires. En septembre 2016 encore, aucun protocole n'a été mis en place pour détecter chez le dernier joggeur décédé une possible intoxication à l'H2S. Cela nous paraît sidérant. C'est un territoire où sont morts au moins trois personnes, 36 sangliers, des chiens... sans que la moindre conclusion en soit tirée.

Qui est responsable de cette inertie ?

L'État français a été plusieurs fois condamné. Dès 2007, les juridictions administratives ont jugé que l'ampleur du phénomène était liée à la « carence fautive » de l'État en matière de réduction des nitrates. Entre 2007 et 2014, trois arrêts de la Cour de justice de l'Union européenne ont condamné la France. Les autorités font croire qu'elles agissent, mais, manifestement, elles préfèrent payer pour le ramassage plutôt que de s'attaquer à la source du problème.

LES ASSOCIATIONS AGISSENT POUR SORTIR DU DILEMME PARALYSANT : EMPLOI CONTRE ENVIRONNEMENT.

L'affaire Morfoisse ressemble-t-elle à vos autres dossiers liés aux questions de santé publique ?

Très souvent, ces affaires mêlent la responsabilité des autorités publiques et celle des intervenants privés. Que l'on parle de déchets sidérurgiques dans la Nièvre, de sites miniers dans le Gard ou d'algues vertes en Bretagne, on est à chaque fois confrontés à une pollution générée par des exploitants privés et à un laisser-faire des autorités, soucieuses de ne pas se mettre à dos une partie de la population. Les associations agissent pour mettre en lumière les victimes qu'engendrent ces activités industrielles et pour sortir du dilemme paralysant : emploi contre environnement.

Un premier plan « algues vertes » a vu le jour en 2010. Peut-on vraiment parler de laisser-faire ?

En 2017, les algues vertes prolifèrent. C'est le signe que les mesures sont inadaptées. L'État est soumis à une obligation de résultat. Après quarante-six ans d'inaction, on ne peut plus dire « on fait notre possible ».

PHOTO : AFP

Manifestation anti-marée verte en 2011 dans le Finistère.

MAKING-OF

« Je travaille sur les marées vertes et j'aimerais m'entretenir avec vous sur l'affaire des sangliers. » « Vous faites erreur, ça n'a rien à voir. Personne ne peut dire de quoi ils sont morts. » « On peut faire un entretien où vous nous dites ça ? » « Non. » « Pourquoi ? » « Il n'y a rien à dire. » « C'est intéressant de dire qu'il n'y a rien à dire... » Silence pesant. *« Non. » « Pourquoi ? » « Parce que. »* Cet échange entre Inès Léraud et la préfecture des Côtes-d'Armor témoigne de l'accueil reçu par cette enquête.

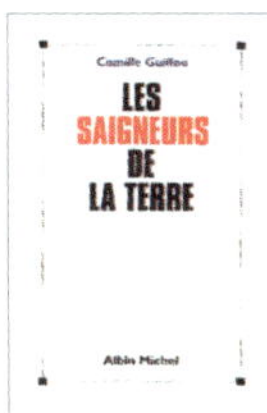

À LIRE

Les Saigneurs de la terre, de Camille Guillou. Coup de sang d'un paysan contre notre système agroalimentaire et ses effets délétères sur les hommes et l'environnement.
Éd. Albin Michel (1997)

À ÉCOUTER

Journal breton, d'Inès Léraud, sur France Culture. Installée dans un hameau breton, Inès Léraud donne à entendre des histoires de nature et d'agriculture. Émission « Les Pieds sur terre ».

UN DEMI-SIÈCLE D'OMERTA

Il y a quarante-six ans, le littoral breton connaissait sa première marée verte. Depuis, 137 sites ont été touchés. Confrontés à la résistance du monde agricole, les pouvoirs publics avancent à petits pas.

1960-1962 Lois d'orientation agricole : débuts de l'**agriculture intensive** et des élevages hors-sol.

1980 La Ddass* répond à un médecin des Côtes-d'Armor : « La plupart des puits et fontaines du département sont **contaminés**. (…) Les impératifs agricoles prévalant, hélas, sur la santé publique, il n'est guère possible de s'y opposer… »

1991 Brice Lalonde, ministre de l'Environnement, parle d'« **agriculteurs-pollueurs** ». Tollé dans la profession.

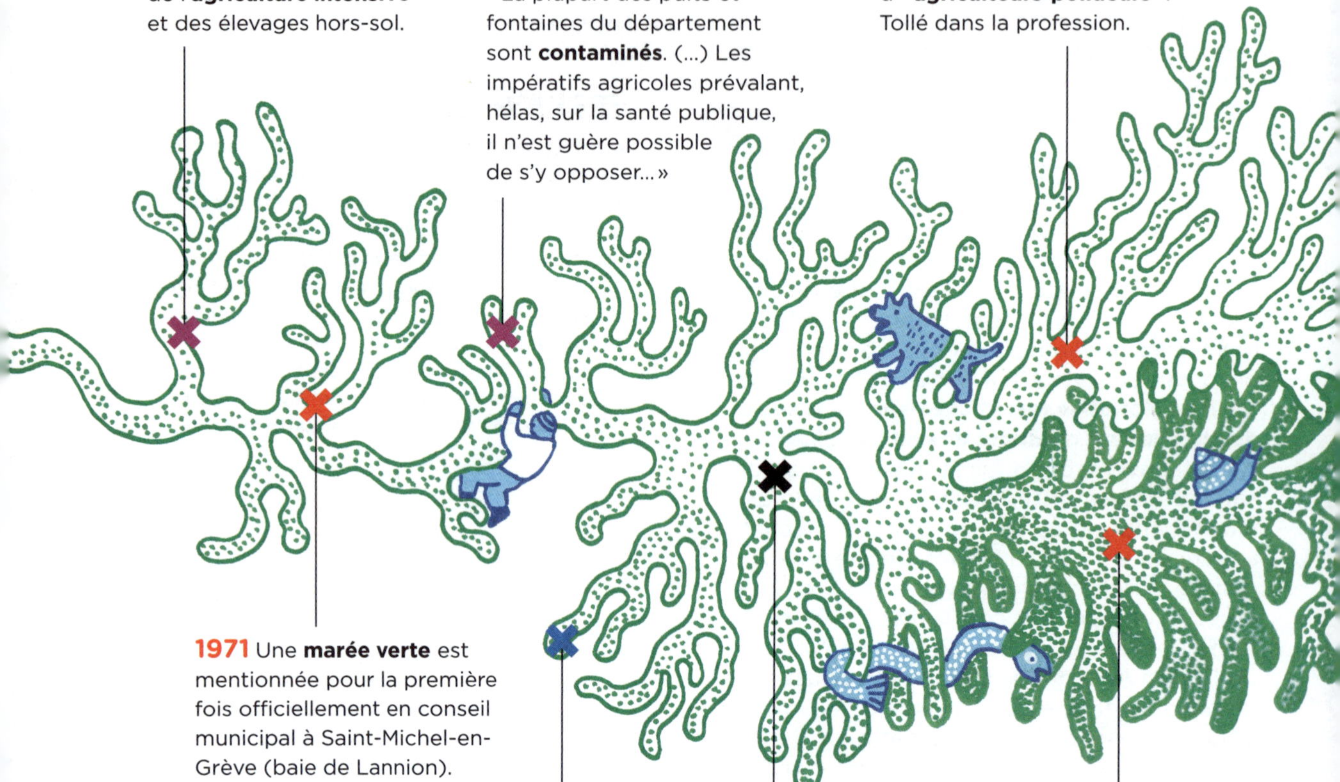

1971 Une **marée verte** est mentionnée pour la première fois officiellement en conseil municipal à Saint-Michel-en-Grève (baie de Lannion).

1988 Des scientifiques de l'Ifremer établissent la cause principale des marées vertes : les **nitrates** issus de l'agriculture intensive.

1989 Jacques Thérin, **joggeur** de 26 ans, est retrouvé mort. *Ouest-France* titre « Les algues vertes ont peut-être tué ».

1996 Naissance de l'Institut technique et scientifique de l'environnement et de la santé (Istes), créé par des **industriels** de l'agroalimentaire pour convaincre de l'innocuité des nitrates.

*Direction départementale des affaires sanitaires et sociales

2002 La Cour de justice de l'Union européenne **condamne** la France pour non-respect d'une directive sur les nitrates.

2011 Trente-six **sangliers** sont retrouvés morts. La FNSEA organise un match de foot sur la plage de Morieux pour montrer l'absence de risque. Les écologistes sont accusés d'être responsables du **suicide d'agriculteurs**.

2009 Mort de Thierry Morfoisse, transporteur d'algues vertes à Binic. Mort d'un cheval à Saint-Michel-en-Grève. Annonce du premier **plan algues vertes**, qui prendra effet en 2010.

1999 Un ramasseur d'algues vertes tombe dans le **coma** et en réchappe.

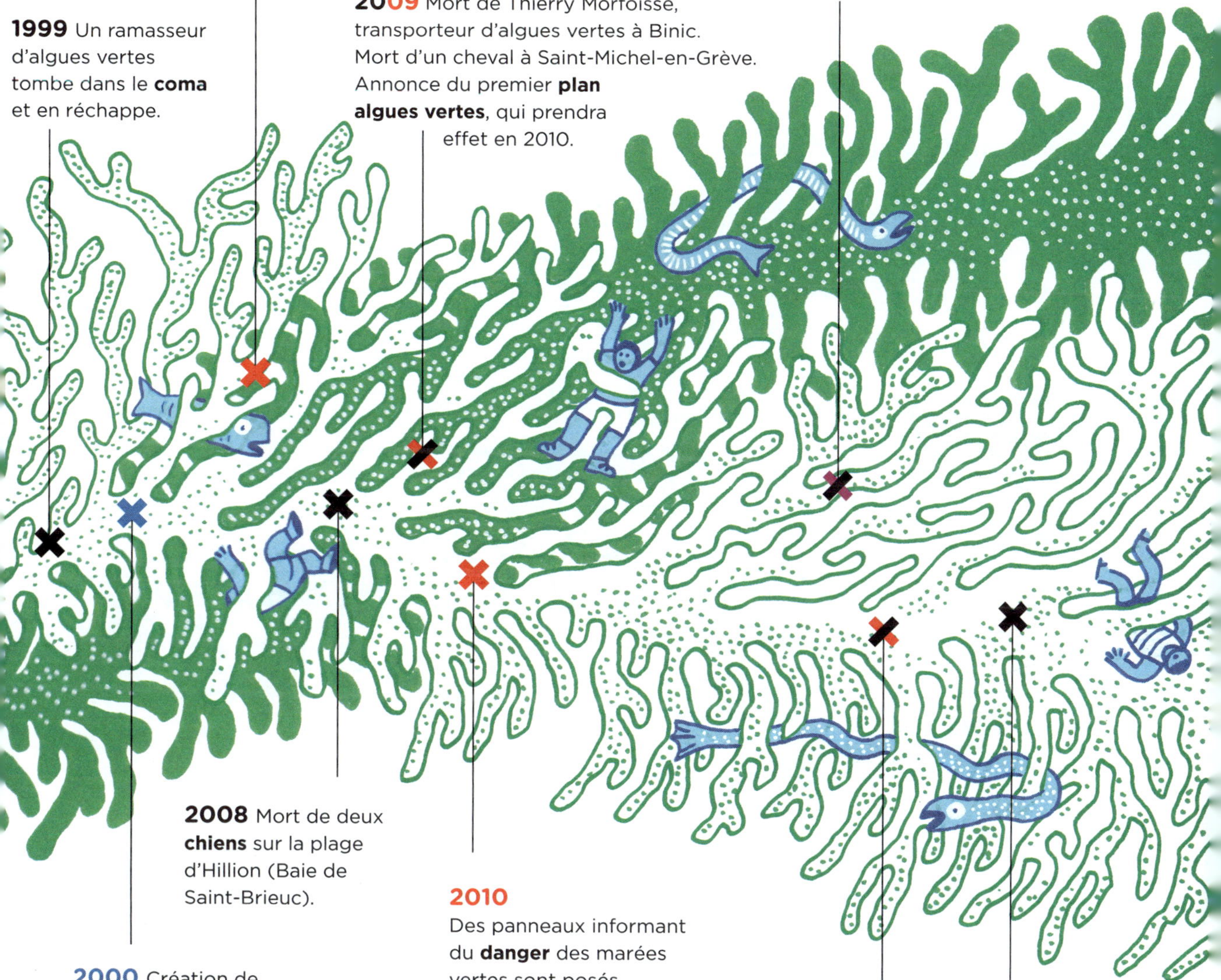

2008 Mort de deux **chiens** sur la plage d'Hillion (Baie de Saint-Brieuc).

2010 Des panneaux informant du **danger** des marées vertes sont posés à l'entrée des plages.

2000 Création de l'association Halte aux marées vertes par des **riverains**.

2017 Année **record** pour les marées vertes. Elles s'étendent à Noirmoutier, l'île d'Oléron et l'île de Ré.

2016 Annonce du plan algues vertes n° 2 qui couvrira la période 2017-2021. 8 septembre : mort d'un joggeur. L'affaire est classée **sans suite**.

✖ LA PRESSION SCIENTIFIQUE ET CITOYENNE
✖ L'IMPLICATION DU MONDE AGRICOLE
✖ LES VICTIMES
✖ LA RÉPONSE DE L'ÉTAT

DESSIN : SOPHIE GUERRIVE

instantané

La Madone des décombres. Elle est le visage du cataclysme qui frappa le Japon et la centrale nucléaire de Fukushima en mars 2011. À l'origine destinée à un quotidien japonais, cette photo fera la couverture d'une cinquantaine de titres, du Koweit à l'Australie. En France, *Paris Match*, *Le Nouvel Obs* et *Le Figaro* jetteront également leur dévolu sur elle. Le signe que les regards s'uniformisent ? Tous les ingrédients étaient réunis pour faire de cette rescapée un emblème.

JEAN-MICHEL BILLIOUD **RUDY SPIESSERT**

LE CALME APRÈS LA TEMPÊTE, TELLE EST LA SENSATION QUI SE DÉGAGE DE CE CLICHÉ. LE PHOTOJOURNALISTE JAPONAIS QUI L'A PRIS, TADASHI OKUBO, A UTILISÉ UN TÉLÉOBJECTIF POUR NE PAS TROUBLER L'IMMOBILITÉ DE SON SUJET.

NOUS SOMMES EN MARS 2011, AU LENDEMAIN DU SÉISME ET DU TSUNAMI QUI ONT FRAPPÉ LE JAPON ET ÉBRANLÉ LA CENTRALE NUCLÉAIRE DE FUKUSHIMA-DAIICHI. CETTE JEUNE FEMME ABASOURDIE SE TROUVE À QUELQUE 150 KILOMÈTRES DE LÀ, DANS LA VILLE TOUT AUSSI DÉVASTÉE D'ISHINOMAKI.

SA POSTURE, TRÈS DROITE, TRACE UNE LIGNE VERTICALE QUI SOULIGNE, PAR CONTRASTE, LE CHAOS AMBIANT. DANS SA TENUE PASTEL, LA RESCAPÉE SE DÉTACHE DE L'AMONCELLEMENT PÊLE-MÊLE ET APPARAÎT AINSI TRAUMATISÉE MAIS DIGNE, VULNÉRABLE MAIS VIVANTE.

LA SURVIVANTE EST DE TROIS QUARTS, DRAPÉE DANS UNE COUVERTURE DONT LES PLIS RAPPELLENT CEUX DES ÉTOFFES DES ICÔNES RELIGIEUSES. SON SURNOM EST ALORS TOUT TROUVÉ. LES BRAS FERMÉS, LE REGARD FIGÉ, PERCHÉE SUR LES DÉBRIS LES PIEDS L'UN CONTRE L'AUTRE, ELLE SEMBLE STATUFIÉE, TELLE UNE FIGURINE SUR UN SOCLE.

LA MADONE DES DÉCOMBRES S'APPELLE YUKO SUGIMOTO. À CE MOMENT PRÉCIS, ELLE EST SANS NOUVELLES DE SON FILS DE 4 ANS.

LA PLUPART DES RÉDACTIONS ONT RECADRÉ LE CLICHÉ POUR SE FOCALISER SUR LE PERSONNAGE. CE CHOIX A ÉTÉ VIVEMENT CRITIQUÉ CAR IL TRAHIRAIT UNE RECHERCHE D'ÉMOTIONS FACILES ET DE SENSATIONNEL.

QUAND LA VAGUE A ENGLOUTI LA VILLE, L'ÉCOLIER A ÉTÉ EMMENÉ SUR LE TOIT DE LA MATERNELLE. ELLE LE RETROUVERA LE LENDEMAIN.

LA DÉTRESSE SOLITAIRE QUE RACONTENT LES PLANS SERRÉS EST TROMPEUSE. SI L'ON OBSERVE ATTENTIVEMENT LA PHOTO NON RECADRÉE, ON DÉBUSQUE LA PRÉSENCE D'UNE ÉQUIPE DE SAUVETAGE À L'ARRIÈRE-PLAN.

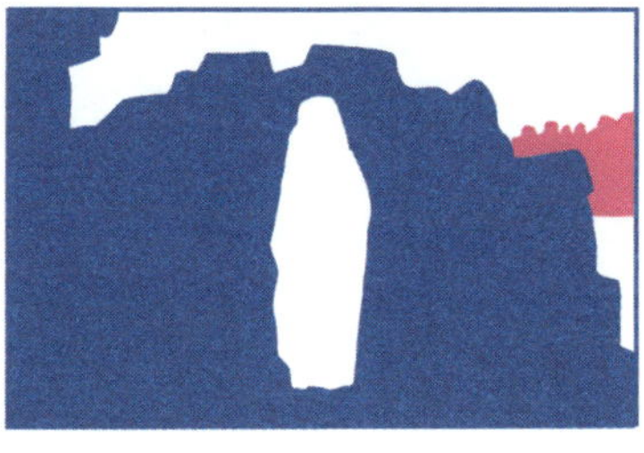

LE JEU DE L'ASILE ET DU HASARD

C'est l'étape de la dernière chance. Le quitte ou double. L'ultime possibilité de trouver légalement refuge en France. Chaque année, la Cour nationale du droit d'asile (CNDA) reçoit les milliers d'exilés à qui l'on a une première fois refusé le statut d'apatride ou de réfugié. Leur sort sera réglé en une demi-heure par un trio de magistrats qui ne sont pas tous des professionnels du droit. Mieux vaut tomber sur le bon juge, le bon traducteur, le bon avocat. Enquête sur cette machine juridique dans laquelle résonnent les soubresauts du monde.

ISABELLE MAYAULT   CLAIRE BRAUD

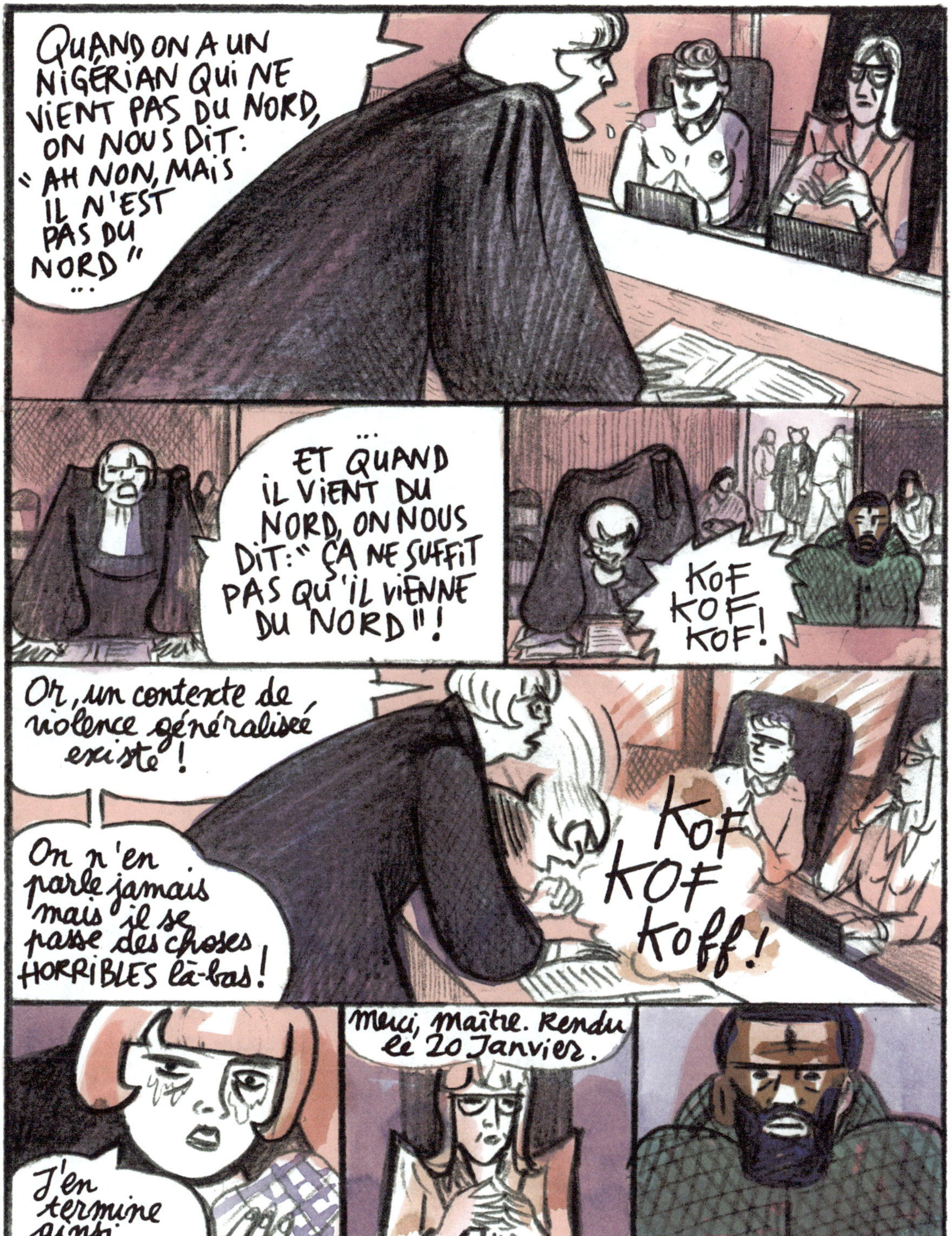
QUAND ON A UN NIGÉRIAN QUI NE VIENT PAS DU NORD, ON NOUS DIT : " AH NON, MAIS IL N'EST PAS DU NORD " ...
... ET QUAND IL VIENT DU NORD, ON NOUS DIT : " ÇA NE SUFFIT PAS QU'IL VIENNE DU NORD " !
KOF KOF KOF !
Or, un contexte de violence généralisée existe !
On n'en parle jamais mais il se passe des choses HORRIBLES là-bas !
KOF KOF koff !
J'en termine ainsi.
Merci, Maître. Rendu le 20 Janvier.

CLAC!
KOF KOF!
flof
Ça va, Lina?
Bon sang, j'ai cru que j'allais mourir!
KOF KOF
Salle 3
Les éléments nouveaux, c'est ça. Ils vont vous demander à quelle date elle a été détruite.
À l'OFPRA, qu'est-ce que vous avez dit?
On a dit que ça datait d'avant la guerre.

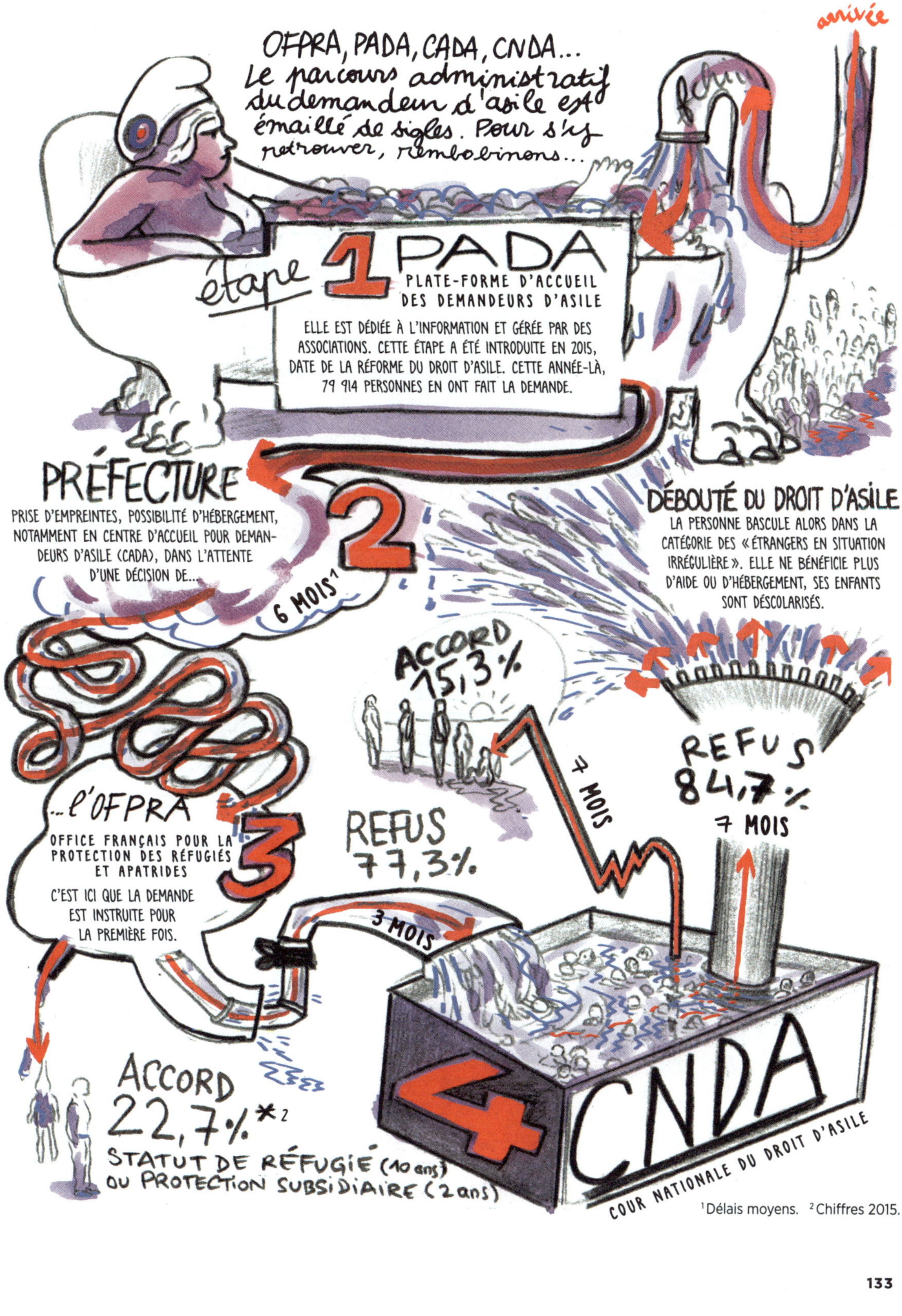

[1] Délais moyens. [2] Chiffres 2015.

*Ancien premier ministre, opposant historique à l'actuel président de la République démocratique du Congo (R.D.C.), Joseph Kabila. Étienne Tshisekedi est mort en février 2017.

Vous vous souvenez ? c'est ce qu'on a dit hier…
LA QUESTION DU CONTEXTE.
oui oui.
Bon, on va refaire ça vite fait…
Pourquoi décidez-vous de prendre le risque d'aller à la manif ?
SALLE 6
le Président en place, KABILA, voulait prolonger avec un 3e MANDAT.
… Et du fait qu'il voulait rester au pouvoir…
Alors oui, mais il faut personnaliser.
Vous êtes Taximan.
Vous subissez au quotidien le racket par des autorités comme la police.
… J'ai été racketté à de nombreuses reprises…
… ça fait des tracasseries.
Alors ne dites pas "tracasseries".
"Tracasseries" pour nous, ce n'est pas très grave.
Dites "de sérieux problèmes !"
Ok.
Dites-leur : "Moi, Madame la Présidente, j'ai vécu ce CHAOS en tant que taximan !"
"À partir du moment où KABILA se présente, on sait que ça va être TRUQUÉ ! ON EST FATIGUÉS ! ON N'EN PEUT PLUS !"

Et donnez des détails personnalisés.
On était sur l'avenue…
…parce que c'était le chemin du cortège…
Et là, vous êtes rentré dans le cortège…
Décrivez-le.
On a écrit sur des banderoles "KABILA DÉGAGE"…
Il y avait des banderoles?
KABILA DÉGAGE!
DC
Oui, il y avait DÉMOCRATIE CHRÉTIENNE.
Donc, il y a des têtes de cortège, ça c'est important.
PAS DE DIALOG… SAN… PRI…
DÉMOCRATI…
Vous, vous êtes derrière.
DÉGAGE
Là, la foule est entrée dans la maison communale.
Moi, j'ai aidé pour faire les cocktails MOLOTOV.
C'est très bien. Là, la Juge va vous interrompre et vous dire :
C'EST NORMAL DE FAIRE DE LA PRISON SI VOUS DÉTRUISEZ LES BIENS PUBLICS.

Nous, on a fait ça pour qu'il ne fasse pas un 3e mandat.
J'ai été arrêté avec des amis.
On a vu le pick-up bleu et blanc de la police...
POLICE
Ils nous ont piétinés.
C'est important de parler des coups que vous recevez à ce moment-là...
Comment ils vous font descendre du pick-up ?
CE
RDC
En nous tabassant avec des matraques
D'accord. Et là, il y a plusieurs temps. Vous êtes dans une salle.
On vous prend le portefeuille et le portable. De quoi on vous accuse ?
D'avoir participé à une assemblée. D'avoir blessé des gens. Mais je n'aurais pas pu dire la vérité, sinon ils m'auraient fait du mal !!...
Bien sûr.

Là, on m'a emmené dans une autre pièce...
Ça c'est bon, je sais. Les tortures.
SALLE 6
Il faut que vous expliquiez que si vous n'avez pas de marques, c'est parce qu'il y a des méthodes qui ne laissent pas de cicatrices.
Oui.
Comment vous vous évadez?
SALLE 6
Je me suis retrouvé à l'hôpital, dans un camp militaire.
Vous dites bien, pour l'évasion, ce que vous m'avez dit hier.
"Il fallait que je parte!
"Je savais comment corrompre."
"J'ai réussi à promettre de l'argent au surveillant pour qu'il me fasse partir."
D'accord.
Je me suis évadé le 12.
Pendant 4 jours, je suis resté chez mon cousin.
Ok, ça c'est bon, vous le faites bien.
Qu'est-ce qui se passe si vous y retournez aujourd'hui?
Je suis arrêté dès l'aéroport.
"PARCE QU'IL Y A UN AVIS DE RECHERCHE".
Oui.

Bon, vous vous sentez prêt ?
Oui, je suis prêt.
Comme vous avez dit hier : INSHALLAH !
Il y a 3 dossiers devant nous.
Ça veut dire qu'on ne va pas passer avant une heure trente, deux heures.
En attendant, vous pouvez circuler, c'est public.
Ne soyez pas trop stressé, vous êtes prêt.
AUDIENCES
En attendant, je vais aller travailler en salle des avocats.
OK
AUDIENCES
Madame la Secrétaire...
...Merci de bien vouloir appeler l'affaire.
Les audiences sont publiques.

L'avocat peut demander le huis clos, dans le cas de violences particulièrement lourdes, et pour les mineurs.
HUIS CLOS
Mais la plupart des sessions se déroulent portes ouvertes.
Pourquoi cet homme vous a-t-il payé l'hôtel comme ça?
Il m'a vue pleurer et il a eu pitié de nous.
Cela permet à des demandeurs d'asile de venir y assister...
...pour se préparer avant leur passage devant la formation de jugement.
Tout se joue en 30 minutes, parfois plus, mais il faut décompter le temps de traduction.
L'instruction doit déterminer, en priorité, si le requérant vient de là où il dit.
J'ai rien en Arménie.
S'il a fait ce qu'il dit avoir fait.
J'étais une bonne élève.
Et subi ce qu'il dit avoir subi.
Je suis parti au moment du tremblement de terre.
Je voulais être écrivain, j'aime la littérature française.
Les shebabs m'ont fouettée parce que j'étais coiffeuse.
Cette Cour offre une session de rattrapage à ceux dont l'Ofpra a rejeté le dossier.

[1] Haut-Commissariat aux réfugiés.

[2] Peuple vivant au Nigeria, au Bénin et au Togo.

*Taux d'octroi relevé sur huit journées – Rapport 2016.

La CNDA est la plus grande juridiction administrative de France. On a eu près de 40 000 recours en 2016, et une augmentation significative de gens qui demandent l'asile.
Pour y faire face, de nouveaux moyens ont été alloués, avec l'ouverture de deux nouvelles chambres, le recrutement de rapporteurs...
Si on veut aller plus vite, il faut deux fois plus de juges et de rapporteurs.
Moi je ne suis pas contre. Tout est possible, mais c'est une question de moyens.
AUDIENCE
SALLE DES AVOCATS
Ça va aller? Vous voulez un peu de sucre?
Je vais vous chercher un coca.
LLE
ATS
SALLE D'ATTENTE
VLOF

Il faut imaginer l'état de santé de nos clients.
TUT BIP BIP
La plupart sont complètement traumatisés.
Que ce soit des Soudanais qui ont été torturés en Libye ou des Somaliens qui ont été enlevés dans le Sinaï.
Il y en a qui ont des visions.
Il y en a un qui a tenté de sauter par la fenêtre de mon cabinet.
SCHLAF
Un autre s'est pendu au drapeau français, à la cour.
Ils m'appellent tout le temps, ils me disent :
J'EN PEUX PLUS, MAÎTRE !
Pour ne pas arriver en retard, certains dorment devant la cour, dans la rue.
Au moment des résultats, certains font des crises de tétanie.
Les premières années, le droit d'asile, c'est beaucoup de boulot.
WOF
Floutch
Après, tu te spécialises.

Maintenant, je connais tous les quartiers de KINSHASA par cœur, tous les centres de détention de MOGADISCIO...
... et le taux d'excisions en Guinée forestière...
C'est un contentieux très oral. C'est pour ça que la préparation de l'audience est très importante.
Nous avons des clients partout en France. Quand je peux, je me déplace en province pour les rencontrer.
AUDIENCE
Pour les juges, c'est une cour d'exception.
Ils n'ont pas de cour d'appel au-dessus pour casser leurs décisions.
...Et certains se permettent des choses qu'ils ne se permettraient pas ailleurs.
ZZZZ
Monsieur le président ?
TOSHIBA
Or la justice, pour qu'elle soit équitable, il faut aussi qu'elle donne l'apparence d'être bien rendue.
Oui, alors, donc...

Pour les avocats aussi, c'est la loterie.
Il y a une petite communauté soudée d'avocats spécialisés dans le droit d'asile.
HISTOIRE DE L'ASILE DEPUIS 100000 ANS
Et puis, il y a les autres.
GEO
Le tour du monde en 10 images
L'autre jour, j'en ai entendu un se vanter de ne jamais préparer ses dossiers.
Mince, c'est où déjà, ça, la NAMIBIE ?
Certains sont injoignables.
MAÎTRE J'EN PEUX PLUS !
Ici Maître Coucoune, merci de laisser un mess BIP
D'autres ne viennent pas à l'audience de leur propre client.
Bon, c'est l'heure.

On y va?
SALLE 1
Désormais, sous l'impulsion de la nouvelle présidente de la CNDA, la formation de jugement a un accès au dossier plus équitable.
Depuis 2017, en effet, les dossiers sont envoyés 8 jours avant l'audience aux assesseurs.
Jusqu'ici en effet, seul le juge était informé en amont.
TOSHIBA
TOSHIBA
Pour autant, avec 13 dossiers par jour et parfois plusieurs journées d'audience à la suite, les juges ne disposent pas de beaucoup de temps de préparation.
La présentation par le rapporteur est donc cruciale.
Madame la rapporteuse, c'est à vous
merci, madame la Présidente.

M. B. assisté de Maître LINO.
Il soutient qu'il craint pour lui après avoir été arrêté en décembre.
Dans sa demande initiale devant l'OFPRA, M. B. a indiqué avoir pris part à des dégradations de biens publics...
...la description de son arrestation était peu circonstanciée.
...Ses explications peu convaincantes.
Cependant, il pourrait revenir sur la date de l'attaque, sur le lieu où il aurait été arrêté.
En tout état de cause, les sources consultées rapportent qu'au moins 48 manifestants auraient trouvé la mort.
S'agissant de sa détention, M. B. aurait été particulièrement précis sur les actes de torture subis.
Ainsi que sur sa fuite alléguée vers le Bas Congo puis l'Angola.
Étant donné le rétrécissement de l'espace pour l'opposition...
... et l'intensification des actes de violence en RDC...
...C'est en l'état que l'affaire se présente devant votre Cour.

grat grat
En 2015, vous avez 32 ans...
...Vous n'avez jamais participé à une activité politique, vous allez à la manifestation avec votre ami. Qu'est-ce qui vous pousse à vous engager autant?
J'exerçais le métier de taximan. Je subissais les rackets des policiers qui me menaçaient quand je faisais mon travail.
Pour mettre le feu à une voiture, on a besoin d'un briquet, d'alcool?
Des étudiants ont pris de l'essence dans les voitures garées là, je les ai imités.
KABILA DÉGAGE!
ÇA SUFFIT KABILA
Mais, est-ce que quand vous partez, vous partez avec un peu d'équipement?
STOP KABILA!
Notre intention, c'était seulement de mettre la pression à KABILA.

D'accord, mais tout de même! Vous dites avoir libéré des prisonniers, on n'ouvre pas une porte de prison en la secouant!
Il y avait des ateliers d'artisans à côté...
On a pris des marteaux, des barres de fer.
TCHAC!!!
Voilà, je comprends mieux maintenant.
Ensuite, on a rencontré la police. Ils ont tiré à balles réelles. C'est là que j'ai été arrêté.
Là, on essaie de comprendre si vous êtes affilié à un parti, et vous ne l'êtes pas.
Visiblement, ça les met encore plus en colère?
On m'a mis dans un bureau.

Ils venaient nous chercher un par un.
Est-ce que vous savez si les autres ont été relâchés ?
Jusqu'à présent d'après la Croix-Rouge ils sont portés disparus.
le droit d'asile est un drôle de contentieux.
Selon la convention de Genève signée en 1951, le requérant n'a pas à soumettre de preuves.
Exiger des preuves en droit d'asile revient indirectement à pousser le demandeur à la fabrication d'éléments dont il estime, à tort ou à raison, qu'ils seront favorables à son dossier.
Or, quel document pourrait par exemple attester qu'il est bien, comme il le déclare, homosexuel ?
Pour autant, des juges venus de cultures juridiques différentes, aussi bien du droit administratif que du droit pénal, dans lesquels la preuve est reine, ont tendance à avoir un rapport exigeant aux pièces écrites dans un contentieux dit « subjectif ».
PAS DE FORMULAIRE A, PAS DE CHOCOLAT.

Quelle est la signification de cet acte de naissance ?
En Angola, mon contact m'a expliqué qu'il me faudrait un document en France prouvant que j'étais Congolais.
Ce certificat médical est assez évasif...
Quels actes de torture avez-vous subis ?
Et quelles séquelles en avez-vous gardées ?
Je ne dormais pas, j'avais des problèmes de nervosité.
Est-ce que vous avez subi des tortures physiques ?
J'ai été torturé mais je n'ai pas de séquelles physiques.
Comme dans tous les contentieux, il y a en droit d'asile une jurisprudence précise (Conseil d'État, directives européennes) dont le président de la cour et le rapporteur sont les garants.

Mais plus que dans les autres contentieux, le droit d'asile repose sur l'intime conviction du juge.
Croire ou ne pas croire, that is the question.
Selon "l'esprit" de la convention de Genève, le doute doit profiter au requérant.
Dans la pratique, si le juge doute, il aura plutôt tendance à rejeter.
michelo 2020
Maître Lino, c'est à vous.

gniii
Madame la Juge, Messieurs les assesseurs, Madame la Rapporteuse.
...En tant que juges de l'asile, vous avez ici beaucoup d'éléments.
Madame la rapporteuse nous le rappelle à juste titre: vous avez un contexte qui est plausible.
Pour moi, c'est un soulèvement, une révolte.
Pas une simple manifestation.
M. B. a été très honnête.
Il ne s'invente pas un passé politisé.
Il vous dit qu'il est simplement sensibilisé.
L'avant-veille de la manifestation, il reçoit le tract, il se dit : "je vais participer."
Puis... il va se soulever, avec la majorité des Kinois!
Flo

*Il s'agit de la fosse commune de Maluku, à 80km de Kinshasa, selon Human Rights Watch.

KLANG
KLANG
KLANG
KLANG
KLANG
POLICE
La population kinoise est tellement traumatisée que les dernières manifestations ont lieu à l'intérieur des maisons, avec des casseroles.
M. B., lui, va nier en bloc, et c'est ce qui va le sauver. Puis, à l'hôpital, il se dit tout de suite, je vais négocier...
...C'est ma seule échappatoire.
On est dans l'un des pays les plus corrompus au monde.
J'en termine ainsi.
Merci, maître.
Rendu le 22 février à 11h.
ZIM ZAM CLAC!
AUDIENCES
Merci beaucoup pour tout ce que vous avez fait.
Mais! Vous n'avez pas à me remercier!
Je vous appelle le 22 pour vous donner la réponse.
Bon retour à Nantes.

*Citation de l'ancien juge à la CNDA Jean-Michel Belorgey dans son livre « Le droit d'asile », 2016.

TERRES D'EXIL, TERRES D'ASILE

Depuis 2014, l'Europe fait face à une forte vague migratoire. Celle-ci en dit long sur l'instabilité de certains pays et sur la solidarité de quelques autres.

CEUX QUI PARTENT

La moitié des exilés qui arrivent à la CNDA viennent de dix pays. Leurs motifs sont récurrents :

2 185 Albanais
Mariages forcés, violences conjugales… Risques d'enrôlement par des djihadistes.
351 statuts ACCORDÉS

2 183 Kosovars
Motifs sociétaux, principalement liés aux vendettas.
213 statuts ACCORDÉS

1 868 Russes
Violations des droits humains. Discriminations des personnes d'origine arménienne.
588 statuts ACCORDÉS

1 337 Chinois
Vulnérabilité des populations mongoles ou tibétaines.
25 statuts ACCORDÉS

2 929 Bangladais
Répression du militantisme et des minorités. Conflits fonciers.
539 statuts ACCORDÉS

1 954 Ski Lankais
Souvent des Tamouls victimes de discriminations.
367 statuts ACCORDÉS

3 305 Haïtiens
Contexte socio-économique, insécurité.
45 statuts ACCORDÉS

1 413 Nigérians
Violences perpétrées par Boko Haram. Traite d'êtres humains à des fins de prostitution.
192 statuts ACCORDÉS

2 766 Soudanais
Poursuite des conflits armés.
704 statuts ACCORDÉS

2 501 Congolais
Motifs politiques, conflits armés, personnes déplacées.
616 statuts ACCORDÉS

ET LES SYRIENS ?

S'ils n'apparaissent pas sur la carte c'est que **95,7 %** obtiennent un statut légal du premier coup. Inutile pour eux de faire appel.

PLUTÔT UN HOMME

67 %

Plutôt âgé de **26 à 35 ans,** à **48 %**

TAUX D'ADMISSIONS GLOBAL

80 %
1980

31.5 %
2015

INFOGRAPHIES : DORIANE TCHEKHOVITCH

CEUX QUI ACCUEILLENT

Le taux de protection varie en fonction des pays. En Europe, les écarts sont criants :

76% **SUÈDE**
DE « OUI » SUR 38 140 DÉCISIONS

66% **ALLEMAGNE**
DE« OUI » SUR 211 285 DÉCISONS

36% **FRANCE**
DE « OUI » SUR 24 465 DÉCISIONS

34% **GRANDE-BRETAGNE**
DE « OUI » SUR 7 680 DÉCISIONS

EUROSTAT, CHIFFRES DU QUATRIÈME TRIMESTRE 2016.

OÙ VIVENT LES RÉFUGIÉS ?

La plupart des régions hébergent moins de 1 800 demandeurs d'asile en appel chacune. Trois d'entre elles se distinguent.

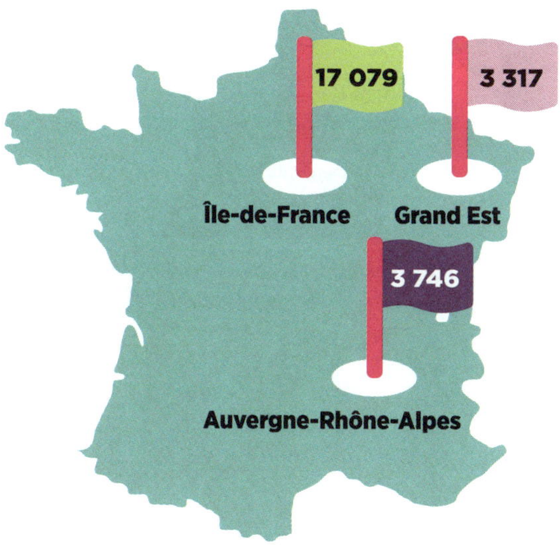

PHOTO : JENS MEYER/AP/SIPA

Au cours de l'année 2016, l'Allemagne a examiné neuf fois plus de demandes d'asile que la France.

making-of

« Le premier jour, nous entrons dans une salle au hasard. Deux avocats se disputent un dossier et le juge n'apprécie pas le carnet de croquis. Prestement, nous traversons le couloir. Autre salle, autre ambiance. Puis les langues se délient. La voix off de ce récit est la synthèse d'une vingtaine d'entretiens réalisés de janvier à mars avec des assesseurs, des rapporteurs, des avocats, des travailleurs sociaux et d'anciens juges. » Isabelle Mayault et Claire Braud.

À LIRE

Les Nouvelles de la jungle, de Lisa Mandel et Yasmine Bouagga. Recueil de chroniques, au ton humoristique et pédagogique, sur la jungle de Calais.
Éd. Casterman (2017)

À VOIR

Les Arrivants, de Claudine Bories et Patrice Chagnard. Dans ce documentaire en huis clos, les auteurs posent leur caméra à la coordination parisienne pour l'accueil des familles des demandeurs d'asile. 1h53 (2009)

La revue des cinés

Opération Dragon de Robert Clouse. On regarde rarement un Bruce Lee pour la profondeur de son scénario. Mais sous ses airs de nanar, le cinéma de ce cador des arts martiaux recèle pourtant une portée politique. Dans son dernier film, la bagarre devient même un appel à la rébellion !

VINCENT SOREL

Pourtant, il a presque l'air d'un gringalet face aux taureaux qui inondent le cinéma contemporain.
Cela dit, il faut se rendre à l'évidence : si Bruce Lee n'est pas un bodybuilder, il a tout de même un physique exceptionnel.
Un film de Bruce Lee, c'est un film sur le corps de Bruce Lee. Magnifié, sublimé.
Il a passé toute sa vie à le sculpter, s'entraînant tout le temps, se faisant construire spécialement des machines de musculation.
C'est son chef-d'œuvre. Il ne manque d'ailleurs jamais une occasion de le dévoiler à la caméra.
« Oh zut, j'ai un accroc à ma chemise, je suis obligé de me mettre torse nu. »

[1] Bruce Lee enseignait son propre art martial, le jeet kune do, «la voie du poing qui intercepte». Il a également écrit plusieurs ouvrages décrivant ses techniques et sa philosophie.

[1]Elles peuvent évoquer la scène finale de *La Dame de Shanghai* d'Orson Welles (1947), qui se déroule aussi dans un palais des glaces.

Bruce Lee a vécu à Hong-Kong, colonie japonaise puis britannique ; il a émigré aux États-Unis en 1959.
Dans ces deux situations, il a été directement confronté au racisme.
SHALL WE HAVE
CHINESE?
NO!NO!NO!
C'est sans doute la raison pour laquelle tous ses films fonctionnent sur une mécanique
d'humiliation
vengeance !
Bruce Lee ne se bat que parce qu'il y est poussé : il cherche à reconquérir son honneur, à venger sa famille, ses amis, ses camarades de combat...
Plus largement, il lutte contre l'exploitation des plus pauvres, mais aussi contre le racisme, présent dans presque tous ses films.
CHINE = homme MALADE DE L'ASIE lol !
La Fureur de vaincre se déroule par exemple dans une Chine sous domination japonaise.
En ce sens, le corps que Bruce Lee met en scène est un
corps
POLITIQUE.
Il ne se bat qu'avec ses poings et ses pieds : ce sont les armes du pauvre, du sans-grade, du dépossédé.
Même les nunchakus, dont il a popularisé l'usage, sont des armes de pauvres, puisqu'il semblerait que ce soient à l'origine des outils destinés à battre le blé.

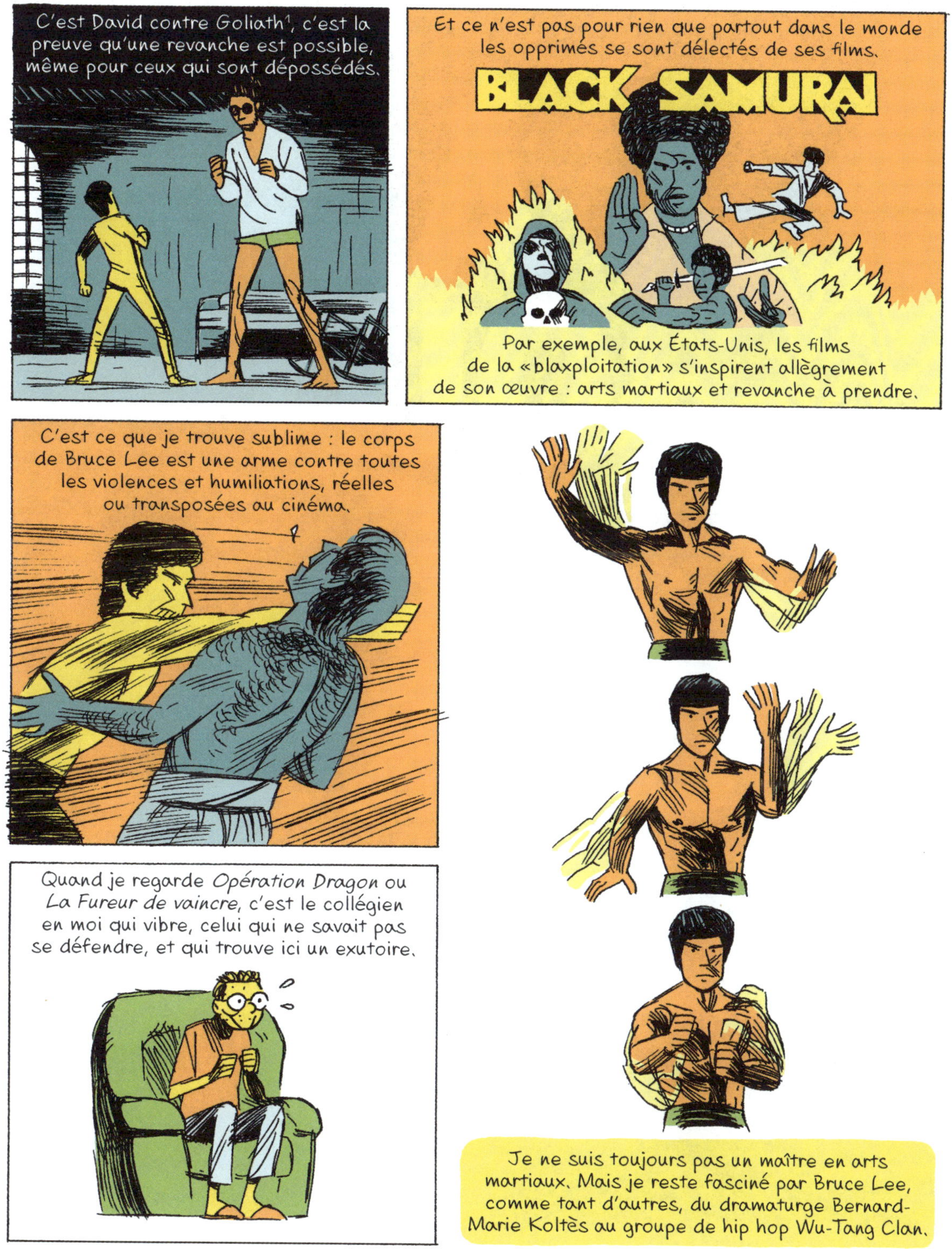

1. Littéralement, puisqu'à son arrivée aux USA, il a été confronté à des adversaires bien plus grands et lourds que lui.

À BOUT DE COURSE

Uber. Le nom sonne comme une menace à l'oreille des taxis, comme une promesse à celle d'habitants de quartiers défavorisés. Pour les uns, il est synonyme de concurrence débridée, pour les autres, de berlines rutilantes, d'emploi et de liberté. Dans l'Essonne ou la Seine-Saint-Denis, ces territoires où le chômage et les discriminations à l'embauche font rage, la start-up californienne a trouvé son vivier. Mais pour les aspirants chauffeurs, c'est un mirage. Bercés par l'espoir de devenir patron, ils se réveillent souvent englués dans la précarité. Rouler pour Uber revient à se lancer dans un jeu dont seul l'un des acteurs maîtrise les règles.

ALEXIA EYCHENNE THIERRY CHAVANT

Je m'appelle Kamel et j'ai travaillé très tôt. Mes parents sont tunisiens. Mon père est cuisinier, ma mère nous a élevés. Toujours la bonne éducation, celle qui dit qu'il faut travailler pour réussir.
Quand on est enfant d'immigrés, on n'a pas le choix de toute façon, il faut s'intégrer. J'ai travaillé dix ans comme paveur.
C'était physique, mais je faisais 35 heures par semaine, de 8 heures à 16h30, pour 1 800 euros par mois. Par contre, je n'étais pas propre.
Je passais mes journées à quatre pattes, j'étais couvert de poussière. J'avais de l'eczéma plein les mains à cause du ciment. On voit encore les traces.
Le 14 juillet, je bossais sur les Champs-Elysées. Avec les chars et les camions, fallait refaire les pavés de l'arc de Triomphe jusqu'à la Concorde.

Il y a deux ans, j'ai été licencié pour motif économique. Fallait que je trouve un autre métier.
J'ai passé l'examen VTC, j'ai acheté une Peugeot 508 d'occasion pour 15 000 euros et je me suis lancé avec Uber. Au début, ça marchait super. On se faisait des sous et on sortait de notre quartier.
Je commençais à 20 heures et, à 2 heures du matin, j'avais un chiffre d'affaires de 300 euros.
Ça faisait du 7 000 euros par mois, ça me motivait encore plus. Quand j'avais payé les charges, il me restait autour de 2 800 euros.

Uber est né en 2009 à San Francisco. Son siège est situé sur Market Street, une immense artère qui traverse la capitale mondiale de l'industrie high-tech.
La légende veut que ses fondateurs, Garrett Camp et Travis Kalanick, aient imaginé la plate-forme à Paris par une nuit enneigée de 2008. Ils sortaient de LeWeb, le raout annuel du numérique français, et cherchaient en vain un taxi...
Hey !
Fucking French taxis !
Wait a minute, I've got an idea !
GARRETT CAMP
Un Canadien de 38 ans, a fondé StumbleUpon, un outil de recommandation de pages web, qu'il a revendu en 2007 à eBay pour 75 millions de dollars.
TRAVIS KALANICK
Un Californien de 41 ans, a fait fortune dans le peer-to-peer* légal. Il avait quitté l'université à 22 ans pour rejoindre une première start-up, qui a fait faillite à la suite d'un procès de l'industrie culturelle américaine.
*Système d'échange direct de fichiers entre internautes

UBER
Leur idée ? Une application mobile qui, grâce à un algorithme, met en relation des chauffeurs particuliers et des passagers.
UBER
Les chauffeurs «partenaires» sont en théorie indépendants. Ils conduisent leur propre voiture, payent ses frais, décident de leurs horaires, sont libres de travailler pour d'autres plates-formes...
Mais Uber impose le tarif des courses, qui évolue selon l'offre et la demande, et empoche aujourd'hui 25 % à 35 % du montant. Il n'hésite pas non plus à exclure unilatéralement certains conducteurs.
Travis Kalanick, premier P-DG* d'Uber, et Garrett Camp seraient à la tête d'une fortune de plus de 6 milliards de dollars chacun, selon le magazine «Forbes».
La valorisation d'Uber dépasse les 68 milliards de dollars. L'entreprise a réalisé une dizaine de levées de fonds depuis son lancement.
Parmi ses investisseurs, le fondateur d'Amazon, Jeff Bezos, les banques d'affaires Goldman Sachs et Morgan Stanley, le «Google chinois» Baidu, le conglomérat indien Tata, Microsoft ou encore le Qatar. Dernier bienfaiteur en date, le fonds souverain saoudien, qui a investi un record de 3,5 milliards de dollars.
*Au cœur des polémiques sur le management de l'entreprise, perçu comme sexiste et discriminatoire, il a démissionné en juin 2017.

Pourtant, Uber perd de l'argent : plus de 2,8 milliards de dollars en 2016, autour de 8 milliards depuis sa création. Car pour s'imposer sur un marché, le groupe «subventionne» pendant plusieurs mois les chauffeurs en les payant plus que ce que ne rapportent les courses.
La plate-forme est une « licorne », ces start-up dont la valorisation dépasse un milliard de dollars, mais qui ne sont pas cotées en Bourse.
Ce qui leur évite de publier leurs résultats et de devoir devenir rapidement rentables pour rémunérer leurs actionnaires.
Uber est aujourd'hui présent dans une soixantaine de pays et plus de 500 villes.
Son siège européen est installé aux Pays-Bas, connus pour leur fiscalité très favorable aux entreprises étrangères.
Aux États-Unis, Uber prépare l'avenir en investissant tous azimuts dans la voiture autonome. La plate-forme a testé ses véhicules sans chauffeur à Pittsburgh et à San Francisco...

*On estime qu'il pouvait atteindre 240 000 euros avant l'arrivée d'Uber et qu'il ne dépasse pas aujourd'hui 190 000 euros.

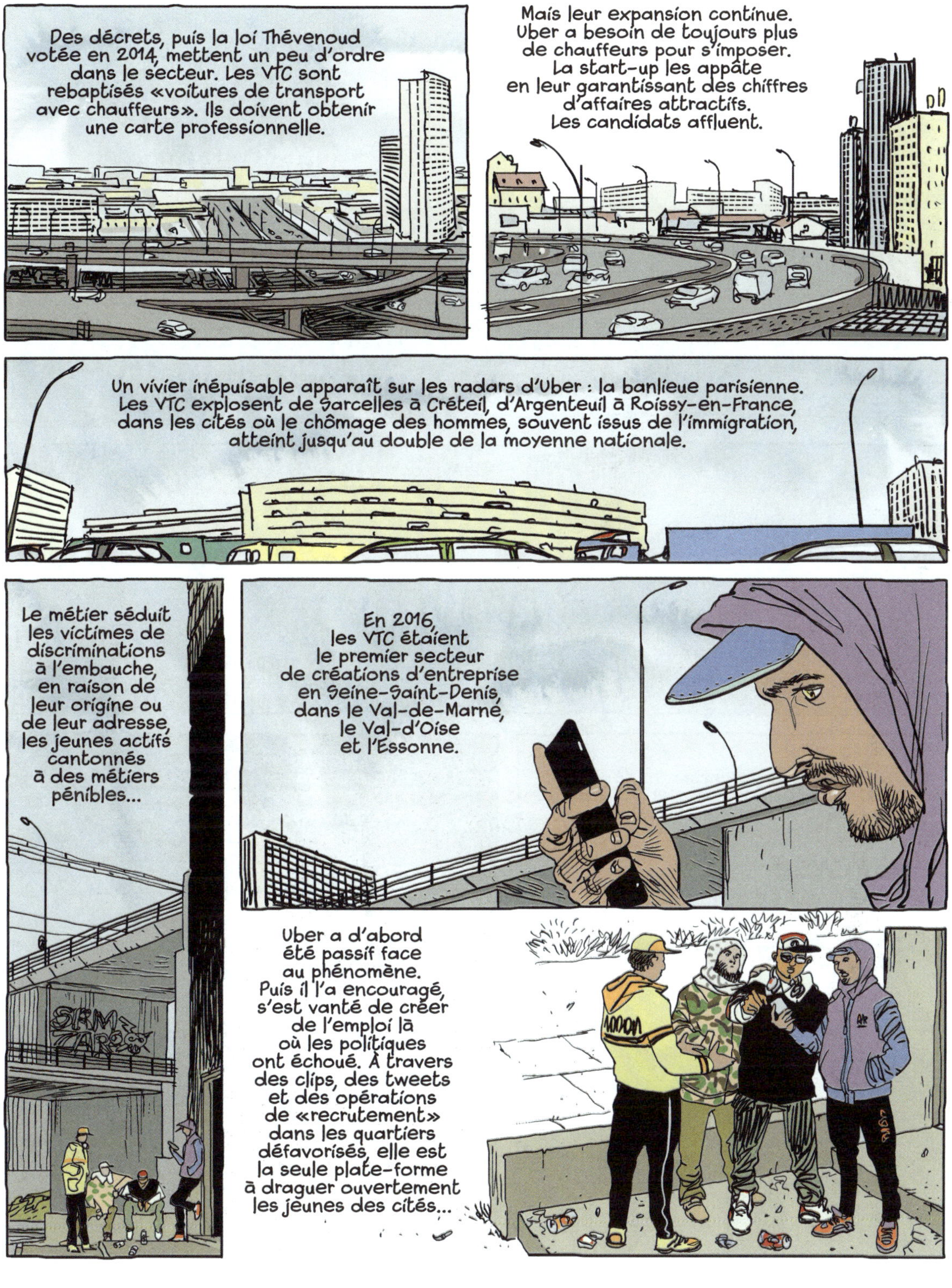
Des décrets, puis la loi Thévenoud votée en 2014, mettent un peu d'ordre dans le secteur. Les VTC sont rebaptisés «voitures de transport avec chauffeurs». Ils doivent obtenir une carte professionnelle.
Mais leur expansion continue. Uber a besoin de toujours plus de chauffeurs pour s'imposer. La start-up les appâte en leur garantissant des chiffres d'affaires attractifs. Les candidats affluent.
Un vivier inépuisable apparaît sur les radars d'Uber : la banlieue parisienne. Les VTC explosent de Sarcelles à Créteil, d'Argenteuil à Roissy-en-France, dans les cités où le chômage des hommes, souvent issus de l'immigration, atteint jusqu'au double de la moyenne nationale.
Le métier séduit les victimes de discriminations à l'embauche, en raison de leur origine ou de leur adresse, les jeunes actifs cantonnés à des métiers pénibles…
En 2016, les VTC étaient le premier secteur de créations d'entreprise en Seine-Saint-Denis, dans le Val-de-Marne, le Val-d'Oise et l'Essonne.
Uber a d'abord été passif face au phénomène. Puis il l'a encouragé, s'est vanté de créer de l'emploi là où les politiques ont échoué. À travers des clips, des tweets et des opérations de «recrutement» dans les quartiers défavorisés, elle est la seule plate-forme à draguer ouvertement les jeunes des cités…

Fin 2016, après Bagnolet, Sarcelles ou encore Aulnay-sous-Bois, Uber organise une opération pour former de nouveaux chauffeurs dans le quartier des Ruffins, à Montreuil, en Seine-Saint-Denis.
Approchez ! Je vais vous présenter le programme, puis vous serez reçus dans le bus.
On vous propose de préparer l'examen VTC avec notre partenaire Voitures noires à un prix préférentiel.
DEVENEZ
AUFFEUR
ESSIONN
Planet Adam et l'Adie, deux associations spécialistes de l'entrepreneuriat en banlieue et du microcrédit, vous aideront ensuite gratuitement à créer votre entreprise.
Uber récupérera la mise plus tard, quand les futurs chauffeurs utiliseront son application. Et Voitures noires s'ils lui louent leur berline...

70000
ENTREPRENEURS
Le slogan de l'opération correspond d'après Uber au potentiel de création d'emplois dans le transport de personnes. Le député PS Thomas Thévenoud avait estimé qu'il fallait 68 000 chauffeurs de VTC ou de taxi en plus à Paris pour que l'offre égale celle de New York. Uber a arrondi en sa faveur.
Une source qui semble miraculeuse en ces temps de chômage de masse. À écouter Uber, s'engouffrer dans le boom des VTC, devenir son propre patron au volant d'une voiture de rêve, semble à la portée de tous.
Quelle que soit votre situation, il y a une porte d'entrée pour vous dans le programme. L'objectif ultime, c'est qu'à la fin tout le monde soit à son compte dans le secteur des transports.
RACHID
Je travaille en intérim, je me casse le dos pour le smic, mes amis bossent pour Uber. Ils ne se plaignent pas. Ils en font la pub.

MOEZ
Ancien agent de sécurité
L'an dernier, j'ai été braqué. Avec quatre enfants, je ne veux plus risquer ma vie pour une misère. Je sais que je ne gagnerai pas beaucoup en roulant sept heures par jour, mais si je récupère 100 euros tous les soirs, hamdoullah, c'est toujours ça.
MCKATHY
J'étais conducteur RATP. Ça me plaisait.
Hé ! Hé ! Mais j'ai un problème avec le salariat, l'autorité. J'ai été licencié plus tôt que prévu...
Je suis mère de famille et je reviens de dix ans de congé parental. J'aimerais retrouver la vie active.
POSTE
LA POSTE

HEDDY
Je sors de l'école avec un BTS d'assistant manager. Mais ça ne m'empêche pas d'être au chômage. De toute façon, je n'aime pas recevoir d'ordres. Des boulots style McDo, j'ai donné, ça va deux minutes. J'aime bien conduire et j'ai envie d'être autonome.
Je connais bien la vie d'indépendant. Mes parents sont taxis et plus ou moins au courant de mon projet.
Ha ! Ha ! Ha ! C'est quand j'ai vu mon père gueuler contre les VTC devant la télé que j'ai compris qu'il se passait quelque chose dans ce secteur.
Uber sera un tremplin pour démarrer ma société. Après, je volerai de mes propres ailes. Je vais me faire ma clientèle auprès des entreprises et des hôtels.
SALIMA
Moi aussi, j'ai envie d'être indépendante. Avant, j'étais chef de rang dans l'hôtellerie. J'ai le sens du contact et du service. Je roule pour Uber depuis deux ans.
Je dois passer l'examen VTC pour pouvoir créer ma société. Pour l'instant, je travaille en CDD pour des «capacitaires».

*Plate-forme d'hôtellerie entre particuliers.

Avec l'opération 70 000 entrepreneurs, Uber essaye de s'afficher comme un acteur de l'emploi en banlieue.
70000 ENTREPRENEURS
«Peut-être que notre côté américain fait que l'on est plus décomplexé sur le sujet», explique Badia Berrada, la chargée de communication chez Uber à l'origine du programme.
« Ce n'est pas facile de dire que le chômage frappe de plein fouet des Noirs et des Arabes des cités… Nous, on le dit.»
USA
Cet argument est une arme qu'Uber n'hésite pas à brandir face à ceux qui lui cherchent des noises. L'Urssaf requalifie les chauffeurs en salariés ? Une nouvelle loi* va réguler le secteur ? Uber agite le chantage à l'emploi.
Ils m'ont dit que j'allais faire disparaître 10 000, 15 000, puis 70 000 emplois…
Je me suis demandé quand j'allais atteindre le million !
Laurent Grandguillaume, ancien député PS à l'origine du texte.
*La loi visant à pacifier les relations entre taxis et VTC adoptée le 21 décembre 2016.

Mais les élus de gauche de l'ancienne banlieue rouge ne mordent pas à l'hameçon. Pour eux, Uber sent le soufre. Il est le fossoyeur du salariat, l'évadé fiscal qui prend soin de ne pas payer ses impôts en France.
70000 ENTREPRENEURS
Uber a d'ailleurs opté pour un bus faute de villes volontaires pour mettre à disposition des locaux. Au mois de mai 2016, Mohamed Hakem, premier adjoint de la majorité PS de Bagnolet, s'était risqué à prêter un gymnase.
70000
Volée de bois vert des élus communistes...
70000 ENTREPRENEURS
... révoltés contre le «tapis rouge» déroulé à une entreprise «reine dans la précarisation de la société».
Depuis, Mohamed Hakem est injoignable ...

D'autres élus se sont laissé convaincre de s'associer à l'événement. L'ex-ministre Rama Yade a posé devant le bus à Cergy.

Et Karl Olive, le maire Les Républicains (LR) de Poissy, a relayé des photos sur Facebook.

STÉPHANE PEU
Ce député France insoumise et maire-adjoint PCF de Saint-Denis, commune où le taux de chômage dépasse 40% dans certains quartiers, est plus sceptique :
Des chauffeurs Uber, j'en croise tous les jours...
Ce qui domine chez les jeunes de ces cités, c'est une immense volonté de s'en sortir.
On ne peut pas leur en vouloir d'essayer d'entrer sur le marché du travail par ce biais...
surtout quand ses portes leur sont fermées par les discriminations.
Mais je ne l'encourage pas.
Beaucoup se retrouvent piégés par les plates-formes qui imposent leurs conditions. Ils y voient une alternative au travail au noir, mais sont vite contraints de retomber dedans.

KAMEL
Uber m'a donné l'opportunité d'avoir un boulot.
Mais aussi de côtoyer un monde dont j'ignorais tout. Avant, quand je venais ici avec des copains, c'était pour m'acheter de la sape à Clignancourt ou passer le jour de l'an sur les Champs.
Les beaux quartiers.
Les beaux restos, on ne connaissait pas tout ça.
J'ai appris à me comporter avec le client, à m'adresser à lui.
C'est un métier qui m'a appris les bonnes manières.

Deux semaines
après avoir commencé...
Michel Drucker
dans ma voiture !
J'ai eu
Bixente Lizarazu
aussi.
J'ai même pris Louis Sarkozy
et sa copine de l'époque,
celle qui est chez Hanouna,
dans le XVIe arrondissement.
Quand on vient d'une banlieue,
transporter des gens comme ça,
wouah... c'est beau. Quand on se
retrouve dans les beaux quartiers
à prendre des stars,
ça fait chaud au cœur.
On se dit
qu'on fait
un beau
métier.

Si ces clients nous font confiance, ça veut dire qu'on fait un métier sérieux.
Faut pas déconner avec.
Un jour, j'ai pris le P-DG de la BNP sans le savoir. C'est le vigile qui me l'a dit quand on est arrivés au siège. Je n'avais pas compris pourquoi il avait eu l'air de paniquer quand j'étais passé par le boulevard Magenta.
Il avait insisté pour que je fasse un détour. C'est un quartier populaire où il y a beaucoup de mélanges, je pense qu'il n'avait pas l'habitude.
J'ai appris le métier sur le tas, en côtoyant les clients.
TATI
LIDL

Je leur offre des bouteilles d'Évian, des bonbons de qualité, des Mi-cho-ko et des Krema, pas des pastilles à la menthe.
Quand le client descend et qu'il a l'air heureux, ça me fait plaisir aussi.
C'est un métier de service, faut pas l'oublier. J'ai appris à m'adapter à chacun. La voiture doit être clean, aucune odeur, faut pas mettre de petit sapin parfumé surtout, pas de câbles qui traînent par terre non plus.
Il faut comprendre le client, la musique qu'il veut, s'il veut qu'on lui parle ou non. Le laisser tranquille s'il a l'air fatigué. Je suis un peu leur psy, en fait ! J'aime bien ce côté-là, c'est valorisant.

Le jour où mon premier client est monté, il y a deux ans, j'avais tellement peur que j'en avais la nausée.
On ne dirait pas, mais j'étais un super timide à l'époque.
Je n'osais même pas dire bonjour aux gens. Quand je travaillais sur les chantiers, on me disait «Kamel, tu fais ça, ça et ça», moi, je baissais la tête et je le faisais. Comme la plupart des chauffeurs, j'ai grandi dans le milieu des quartiers.
Quand je rentrais dans mon hall d'immeuble, il y avait dix gamins de quinze ou seize ans qui vendaient de la drogue, alors on baissait aussi la tête. J'ai toujours vu ma mère faire ça, baisser la tête.
C'est Uber qui m'a appris à être à l'aise, à parler aux gens. Uber m'a ouvert des portes. Mais il m'a aussi piégé...

Semeur de zizanie chez les élus de banlieue, Uber déchaîne aussi les passions à l'échelle nationale. La plate-forme bouscule le secteur des transports et sa réglementation, en comptant sur l'engouement des clients et des chauffeurs pour empêcher tout retour en arrière.
La promesse d'un bras de fer sans fin avec les autorités.
Il a fallu attendre 2014 pour que le pouvoir ose défier la start-up, sous la pression des taxis. Cette année-là, UberPop, un service qui permet à des particuliers de jouer les chauffeurs privés, cristallise leur colère.
TAXI PARISIEN
A
B
C
UberPop doit être dissous et déclaré illégal.
FRANÇOIS HOLLANDE
La profession a besoin de règles, nous ne sommes pas dans la loi de la jungle.
MANUEL VALLS
Uber finit par suspendre son service, qui lui vaut plusieurs condamnations en justice en première instance.
Mais deux visions cohabitent toujours au sommet de l'État.

*L'ouverture et le partage des données publiques.

Uber est aussi conseillé par le géant de la communication Havas. Les files d'aspirants chauffeurs de banlieue sont du pain bénit pour les lobbyistes.
On arrive devant les politiques avec du concret.
Pour enfoncer le clou, Uber commande au Boston Consulting Group (BCG) une étude sur les vertus des VTC. Ses conclusions arrivent en plein examen parlementaire : la filière aurait représenté le quart des créations d'emplois en Île-de-France début 2016.
VOITURES NOIRES
Les chiffres viennent en partie de l'Union des nouveaux acteurs pour la mobilité (Unam), association présidée par Karim Ferchiou, P-DG de Voitures noires, et fondée par Uber pour rassembler son «écosystème» : loueurs de voitures, centres de formation, comptables... Des structures qui n'ont pas intérêt à réguler le secteur.
L'étude est toutefois largement reprise dans les médias, à la veille du passage du texte en commission mixte paritaire.
Au total, 80 000 emplois pourraient être créés d'ici à 2022, selon le BCG. À condition, bien sûr, que le secteur ne soit pas entravé. Le législateur n'a qu'à bien se tenir.
Un groupe de sénateurs de la droite et du centre, dont Cyril Pellevat, élu LR en Haute-Savoie, martèle aussi les éléments de langage d'Uber..
Ascenseur social !
Gisement d'emplois inédit en France !
Nombre de chauffeurs de VTC sont peu ou pas diplômés !
Je me résous difficilement à mettre 10 000 personnes au chômage !
ELEMENTS DE LANGAGE
UBER

Les plates-formes ont dépensé beaucoup d'argent pour faire pression sur moi. Je n'avais pas les mêmes moyens qu'Uber. J'ai dû mouiller ma chemise.
LAURENT GRANDGUILLAUME
CODE TRANSPORTS
J'ai écrit une lettre pour convaincre de l'utilité du texte. Je l'ai distribuée aux VTC, aux taxis et aux clients dans les gares et à l'entrée des métros.
Parmi les points qui ulcéraient Uber, la volonté de Grandguillaume de restreindre l'afflux des chauffeurs «Loti». Un statut différent du VTC, prisé par les jeunes «des quartiers», car plus facile d'accès.
Une loi de 1982, dite «Loti», permet de créer des sociétés de transport après obtention d'une «capacité». Son titulaire, le «capacitaire», peut embaucher des chauffeurs qui n'ont pas besoin de passer d'examen spécifique, seulement d'avoir le permis. Seule obligation : transporter au moins deux passagers. En théorie.
Car cette règle est largement contournée. Pour disposer de milliers de chauffeurs sans délai, Uber a poussé les Loti à rouler pour lui. Un client a de grandes chances d'apercevoir sur le pare-brise un macaron violet, et non vert comme celui des VTC. Fût-il l'unique passager.
TRANSPORT PUBLIC ROUTIER COLLECTIF DE PERSONNES
1709/12/0000019
Uber est devenu une plate-forme Loti, car il ne veut pas de chauffeurs qualifiés. Mais l'arrivée massive des Loti a entraîné un dumping social et la paupérisation du secteur. Uber n'a pas apprécié que je mette cette question sur la table.

SALIMA
Des chauffeurs Loti ? Y a plus que ça dans ma cité !
Au début, c'est le rêve pour les jeunes d'ici. Ils conduisent une belle caisse et passent leurs journées entre potes. Et puis quand ils comprennent qu'il faut bosser dur pour gagner sa vie, beaucoup laissent tomber.
Mais j'en connais qui s'accrochent. Un copain travaille chez le même capacitaire depuis deux ans. Ça se passe super bien.
J'ai commencé en 2014, après vingt ans dans l'hôtellerie, dont pas mal d'années en Suisse. J'avais 40 ans passés, j'en ai eu marre. J'ai enchaîné les boulots. Je conduisais un petit autiste à l'école. Comme ça s'arrêtait l'été, j'ai accepté une place chez un capacitaire.
On commençait à peine à entendre parler d'Uber. Je ne connaissais rien aux statuts. De toute façon, je n'avais pas de quoi payer les 3 000 euros de la formation VTC obligatoire à l'époque.
Chez un «capa», c'était simple. Il m'embauchait et je roulais pour Uber.
C'est ce que je croyais. Mais je me suis bien fait carottée.
Le salariat, c'était bidon. Je signais des CDD de deux mois, de vingt heures par semaine, pour la forme. Le patron était en fait un loueur de voitures qui mettait à disposition un compte Uber rattaché au sien.

Je devais le payer 650 euros par semaine pour une C5. Un mois bien plein, je faisais 5 000 euros de chiffre. L'argent lui était versé par Uber. Le capa retenait 2 600 euros pour la voiture et me versait le reste, sur lequel je devais payer le carburant. Le budget atteint facile 500 euros par mois.
Il faut aussi compter l'entretien de la C5, les bonbons, les bouteilles d'eau.
Je récupérais dans les 1 700 euros. Mais j'avais travaillé douze heures, six jours par semaine, pour moins de 6 euros de l'heure. Douze heures dans le stress d'abîmer la berline... Il me restait un jour de repos. Pour quoi faire ? Dormir. Tu parles d'une vie.
15:45
Le capa, lui, avait payé la voiture moins de 10 000 euros, achetée à l'étranger. Je l'ai remboursé en quatre mois. Après, c'était tout bénéf' pour lui.
À la fin de l'année, j'ai dit stop. Le patron m'a rappelée, mais pas question d'y retourner. Après l'opération d'Uber à Montreuil, j'ai réussi l'examen VTC. J'attends de recevoir ma carte professionnelle pour monter ma boîte.
Je commencerai avec les applis, mais je veux me créer un réseau. Mes copines ont des salons de coiffure où ça tchatche pas mal. Je trouverai des mamies ou les petits vieux du foyer de migrants, algériens comme moi, pour des courses à l'aéroport quand ils rentrent au bled.
D'ici quelques années, je me vois bien m'acheter un van, me spécialiser sur les clients handicapés ou organiser des excursions en Normandie. J'ai toujours besoin d'évoluer. On verra ce qui sera possible dans ce métier...

Comme toute ruée vers l'or, le boom d'Uber a attiré son lot de margoulins.
Je viens pour l'annonce du Bon Coin.
Assieds-toi, petit.
Voilà le deal, chui capacitaire : je te loue la voiture contre un contrat de travail bidon ou je te fais travailler comme autoentrepreneur.
Mais... c'est légal ?
Bien sûr que non !
Le secteur a connu un développement spectaculaire. En 2009, seuls 20 000 véhicules légers étaient enregistrés comme Loti, selon l'Observatoire Taxi-VTC. Ils transportaient surtout les scolaires, les personnes âgées ou handicapées...
... En 2015, ils étaient 70 000 !
L'association Alternative mobilité transport (AMT) représente environ 300 patrons Loti. Son fondateur, Joseph François, est P-DG du groupe Max, à la tête d'une flotte de 200 véhicules.
Max prête ses locaux à l'association, un parking en sous-sol du XIIIe arrondissement de Paris.

L'AMT a longtemps été perçue comme une créature d'Uber tant leurs intérêts convergeaient.
Début 2016, le gouvernement envisage d'exclure les Loti des plates-formes. L'AMT orchestre des manifs contre le «plan social de Valls», avec la bénédiction d'Uber, qui indemnise certains grévistes...
CAISSE AUTOMATIQUE
MAX
Uber a été de notre côté, car c'est nous qui, plus que les VTC, avons les moyens de nous développer et d'embaucher. On a joué un rôle d'ascenseur social en sortant du marasme des gens des cités !
Soufian El Kartaoui, porte-parole de l'AMT.
Mais coup de théâtre début 2017 : l'AMT appelle les Loti à fuir la plate-forme. L'idylle avec Uber semble terminée, après une succession de désillusions...
En 2015, déstabilisé par l'interdiction d'UberPop et menacé par la riposte des taxis, Uber baisse de 20 % ses tarifs pour rester maître du marché.
Fin 2016, les prix ont un peu remonté, mais la commission d'Uber aussi. À l'arrivée, la plate-forme y gagne, le client aussi, mais le chauffeur est perdant.
2
1
Uber assure que des tarifs moins chers augmentent le volume des courses et donc le chiffre d'affaires. Mais beaucoup de conducteurs n'y croient plus.

*À sa demande, le prénom a été changé.

À l'époque, leur bureau parisien n'était pas plus grand que le mien. Les prix étaient corrects. En plus de mes courses «perso», j'ai commencé à travailler pour eux.
Nous aussi, on vise le haut de gamme. Il faut signer notre charte qualité.
@Uber_Paris Vous êtes des voleurs...
Je me souviens du fameux 1er janvier 2013 et du tweet de Valérie Damidot. Les tarifs avaient été tellement majorés que j'ai vu passer une course de trente minutes à 186 euros ! C'était la belle époque...
J'ai acheté une Mercedes et embauché des chauffeurs. Ils roulaient autour de quarante heures par semaine. Je payais leurs heures sup en plus du smic. J'ai toujours essayé de bien faire. Avec mon bac + 5 en droit, je ne peux pas dire que je ne connais pas les règles...
Mais au fil du temps, j'ai perdu de plus en plus de chiffre d'affaires sur mes courses privées, celles qui rapportaient le plus. J'ai vu partir chez Uber les clients des palaces, les princesses du Golfe, les grosses boîtes.
UBER
UBER
UBER
Personne ne me contacte plus sur mon site aujourd'hui. Je suis obligée de bosser de plus en plus pour Uber, alors qu'ils ont piqué mes clients, puis cassé les prix du secteur.

Avec une quinzaine de chauffeurs qui se relaient 24h/24 sur mes cinq voitures, je ne dépasse plus 30 000 euros de chiffre d'affaires par mois. Je ne suis plus à jour de l'Urssaf, je ne me paye même plus.
Je me sens mal vis-à-vis de mes chauffeurs. En 2016, j'ai signé une vingtaine d'embauches. Mais j'ai l'impression de leur avoir fait des promesses que je ne peux pas tenir.
Bienvenue ! Ça va être super !
Ils aimeraient travailler plus, mais je n'ai plus les moyens de leur payer des heures sup. Je ne peux pas non plus toujours les basculer sur les contrats haut de gamme qu'il me reste, les formations coûtent trop cher.
Vous parlez anglais ?
Heu, non m'dame.
Il faut dire aussi que ceux qui n'ont connu qu'Uber ne sont pas assez pros.
Hé, les gars ! Ils sont où, vos costumes ?
Mais madame, il fait trop chaud !
C'est bon, nos potes ils vont bien bosser en jogging...
J'ai embauché plusieurs jeunes en contrat aidé à la mission locale, mais j'ai arrêté parce que le niveau n'y était pas.
Pôle emploi m'envoie des candidats en pensant qu'on accepte tout le monde.
On m'a demandé des promesses d'embauche pour faire sortir des gens de prison. On dit qu'il y a de plus en plus de chauffeurs sous bracelet électronique. Tout le monde a droit à une seconde chance, mais il y a des règles dans le métier, je dois vérifier leur casier...

Tout ce que je peux proposer à mes jeunes chauffeurs aujourd'hui, c'est de rouler pour Uber, sans formation ni perspective d'évolution, et de passer la journée à se faire malmener par les clients.

Parce que, quand les prix et la qualité du service ont baissé, les passagers se sont mis à se comporter n'importe comment. On n'en serait pas là si Uber n'avait pas habitué les clients à payer si peu cher.

En octobre 2015, la baisse de 20% des tarifs Uber suscite la colère des chauffeurs. Tout au long de l'année suivante, plusieurs centaines d'entre eux manifestent contre des conditions qui ne leur permettent plus de vivre correctement.
STOP À L'EXPLOITATION DES APPLICATIONS
EN GRÈVE
UBERNAQUE
Pour contenir la Fronde, le gouvernement a rassemblé, en janvier 2017, Uber et les chauffeurs. Le médiateur, Jacques Rapoport, un haut fonctionnaire, a écouté tout le monde et sorti sa calculatrice.

*«Essaie et apprends», en français.

Pour peser face au géant Uber, pour tenter de rééquilibrer le rapport de force en leur faveur, les chauffeurs s'organisent. Certains optent pour un combat frontal : le recours en justice.
Un après-midi de janvier dans une salle du sous-sol de la Bourse du travail de Saint-Denis. Le SCP-VTC Unsa, l'un des principaux syndicats du secteur, a invité une cinquantaine de chauffeurs à rencontrer des avocats.
SAYAH BAAROUN
Son secrétaire général
C'est une journée importante. Nous allons demander la requalification de vos contrats de partenariat avec Uber en contrats de travail.
À sa droite, Sylvie Topaloff et Jean-Paul Teissonnière. Deux avocats rompus aux conflits collectifs, anciens conseils des victimes de l'amiante et des proches des suicidés de France Télécom.
Les contrats de partenariat cachent une hyper-dépendance à l'égard d'Uber. La plate-forme a une maîtrise totale de sa relation avec le chauffeur, comme de celle du chauffeur avec son passager. Le conducteur ne peut même pas connaître l'identité et les coordonnées de son client.
Uber vous impose ses conditions de travail. En s'autorisant à vous déconnecter de l'application, il exerce un pouvoir de sanction. Vous êtes donc liés à lui par un lien de subordination. Nous allons le faire reconnaître comme du salariat.

J'ai fait le calcul. De juin à décembre 2016, Uber a représenté 82 % de mon chiffre d'affaires.
CHRISTOPHE
Chauffeur
Il va me falloir votre contrat de partenariat, vos relevés de factures et les relevés bancaires correspondants. Vous travaillez pour d'autres plates-formes ?
Je me connecte sur Chauffeur privé, mais il n'y a pas assez de courses. Uber a un quasi-monopole. J'essaye de démarcher des clients perso, mais les entreprises ont déjà un contrat avec une plate-forme ou elles me demandent de m'aligner sur leurs prix…
Le dossier de Christophe, avec une dizaine d'autres, a été déposé au conseil de prud'hommes de Paris mi-avril. D'autres devraient suivre. Une première audience aura lieu le 23 octobre.
Aux États-Unis et en Angleterre des tribunaux ont déjà reconnu les chauffeurs Uber comme des salariés. Ce serait un comble que la France soit plus libérale qu'eux !
Côté français, l'Urssaf considère aussi que les chauffeurs sont des salariés comme les autres. Elle réclame à Uber près de 5 millions d'euros d'arriérés de cotisations sociales, même si une première procédure a échoué pour vice de forme.

La majorité des chauffeurs restent toutefois attachés à leur statut d'indépendant. Pour eux, la riposte consiste plutôt à imaginer des alternatives à Uber qui leur permettent de redevenir maîtres du jeu.
L'AMT, la grosse association de Loti, assure avoir investi plus de 100 000 euros dans le lancement prochain d'une plate-forme «collaborative» pour ses adhérents.
Les tarifs des courses seront les mêmes que chez Uber, mais la commission sera reversée au chauffeur. Il y aura un système de notation, mais pas de déconnexion sans possibilité de s'exprimer avant.
Ce n'est toutefois qu'une initiative parmi des dizaines d'autres.
SOUFIAN EL KARTAOUI
Porte-parole de l'AMT
Les chauffeurs sont divisés en une myriade d'associations et de syndicats aux intérêts parfois divergents.
Or, difficile, sans des moyens considérables, de rivaliser avec Uber et l'armada de techniciens et de commerciaux garante de son succès.
ELECTRO GEEK
La plate-forme le sait bien.

*Prénom modifié.

Au fil des courses, il peaufine son argumentaire auprès des passagers.
SUPER BIO
Bien, on a tout : pain bio, fruits de saison, yaourt fermier...
Il leur explique qu'ils ont les moyens d'améliorer leurs conditions de travail.
MAGASIN SUPER BIO
Papa, c'est lourd !
Oui, ma chérie, on a fait les courses de la semaine.
Qu'en faisant appel à de vrais indépendants plutôt qu'à Uber, ils seront conduits au même prix par des conducteurs aguerris, qui n'en sont pas à leur 17e heure de conduite, et qui payent leurs impôts en France...
Putain, j'en peux plus !
On va quand même pas rentrer en bus ?!
«Nous sommes comme les laitiers en guerre contre la grande distribution. À nous de convaincre les consommateurs de faire un acte citoyen. En attendant, nous sommes captifs.»
Ne t'inquiète pas, ma fille.
14:45
Sat 3 June
UBER

C'est vrai qu'aujourd'hui un chauffeur ne gagne plus de hauts revenus.
J'ai de plus en plus de mal à m'en sortir. Depuis fin 2015, la course minimale est passée de 8 à 6 euros, la commission à 25 %. Ça fait qu'il me reste 4,50 euros sur certains trajets, sur lequel il faut retirer 10 % de TVA.
KAMEL
Je ne dépasse plus 5 000 euros de chiffre d'affaires par mois. Quand j'ai payé toutes les charges, l'essence, le comptable, la sécurité sociale des indépendants..., je récupère à peine 1 200 euros.
C'est moins que ce que je gagnais en posant des pavés. Et à l'époque, j'avais des congés payés.
Je bosse pourtant douze heures par jour. Je ne m'arrête même plus pour un vrai repas. J'ai pris du bide à force de ne manger qu'au grec.

Heureusement que Madame travaille aussi.
Je continue ce métier par passion. C'est dur d'assurer un service de qualité, mais j'ai des principes.

Je ne supporterais pas que les clients montent dans une voiture dégueulasse. Ça me mettrait trop mal à l'aise.

Je ne leur raconte pas non plus mes problèmes. Quand ils demandent si ça marche, je dis : «Oui, oui, ça va. Mon banquier est content.» Faut pas déprimer le client.
Je commence souvent à 18 heures et je finis par un dernier aéroport à 5 heures du matin. Je me réveille à 17 heures. Ma femme rentre et va chercher ma fille à l'école. J'ai le temps de la voir une heure, à peine.
UBER
On dit qu'il y a de plus en plus de divorces chez les VTC. Pour l'instant, je m'accroche. Mais je ne suis pas sûr de tenir longtemps.
ALEXIA EYCHENNE + CHAVANT

LES SYNDICATS ROULENT-ILS POUR LES CHAUFFEURS UBER ?

Après avoir hésité, les centrales syndicales sont en rivalité pour engager le bras de fer contre la plate-forme américaine. Entre contestation et négociation, les approches divergent et le combat démarre en ordre dispersé.

PHOTO : JULIEN MUGUET

Dans un gymnase de Bagnolet (93), des aspirants chauffeurs participent à l'opération « 70 000 entrepreneurs ».

Quelques jours après l'élection présidentielle, Jean-Claude Mailly a voulu faire un coup : la veille de sa rencontre avec le président Macron pour parler de la loi travail, le secrétaire général de Force ouvrière (FO) a annoncé la naissance d'un nouveau syndicat : FO-Capa VTC.

La création d'un syndicat pour les chauffeurs privés VTC avec l'onction d'une grande centrale est une première ! La lutte était serrée : d'abord approchée par la Confédération générale du travail (CGT), l'association Capa VTC a finalement choisit FO. À l'heure où l'ubérisation du travail est au cœur des débats politiques et fait émerger des clivages profonds, les principaux syndicats ne pouvaient plus se contenter d'assister en spectateurs au phénomène. Sur le fond, la CGT et FO partagent la même analyse : les deux rejettent cette mutation dans son ensemble. Pour elles, il n'y a que le contrat de travail qui puisse garantir une protection aux chauffeurs. Le système de la plate-forme américaine est donc unanimement décrié. D'un point de vue tactique, la partie est plus délicate, car les deux syndicats sont bien implantés chez les 60 000 taxis traditionnels. Or, dans ce conflit, les VTC n'ont clairement pas les mêmes intérêts. Difficile de prendre, en même temps, la défense de chaque camp.

Concilier modèle social et mutations

L'enjeu est donc d'apparaître comme le grand syndicat contestataire face aux plates-formes. La Confédération française démocratique du travail (CFDT) a fait un autre choix : elle accepte l'existence de nouvelles formes de travail, en marge du salariat, et se positionne comme le syndicat à même de mener à bien des négociations conciliant le modèle social existant et ces mutations. Laurent Berger, son secrétaire général, a participé à la fin de 2016 à un débat avec Thibaud Simphal, directeur Europe de l'Ouest d'Uber. Plutôt que de remettre en cause le modèle de la plate-forme, le numéro un du principal syndicat français préférait discuter d'un «rééquilibrage» en faveur des chauffeurs et de mesures de protection sociale. Du coup, la CFDT est perçue comme trop conciliante par les chauffeurs VTC. Enfin, le syndicat des chauffeurs privés VTC s'est affilié à l'Union nationale des syndicats autonomes (UNSA) pour tenter de fédérer ses maigres troupes.

Le principal syndicat du privé, la CFDT, accepte ces nouvelles formes de travail.

Reste un problème de fond dans ce tout jeune paysage syndical : l'incapacité des différentes organisations à s'entendre. L'intersyndicale mise en place en mars 2017 pour négocier avec Uber a éclaté en quelques semaines. La CFDT n'a aucun crédit aux yeux des « historiques » qui lui reprochent de récupérer sur le tard la lutte des pionniers, lesquels se voient taxer de jusqu'au-boutistes… Uber exploite ces failles et n'hésite pas à choisir telle ou telle organisation pour engager des discussions. La stratégie est rodée : diviser pour mieux régner.

PHOTO : JULIEN MUGUET

En banlieue, Uber et Pôle emploi travaillent ensemble.

Making-of

« Nom, adresse, trajets quotidiens… Grâce à son appli, Uber dispose d'une foule de données sur les chauffeurs qui roulent pour elle. Cela explique que certains hésitent à témoigner, par peur d'être déconnectés en représailles. Dans les manifestations, les chauffeurs désactivent la géolocalisation de leur téléphone pour échapper au regard de la plate-forme. Le dessin, plus respectueux de l'anonymat, nous a aidés à lever les réticences. »
Alexia Eychenne et Thierry Chavant.

À voir

Uberize-me, de Christophe Charlot. Web-série. Un journaliste belge s'improvise cuisinier, hôtelier, livreur… Sa question : Peut-on gagner sa vie grâce aux applications ?
uberizeme.be

À lire

À l'avant des berlines. Chauffeurs Uber, ils se rêvaient patrons… Le récit de Thierry Chavant et d'Alexia Eychenne est à retrouver en version texte et illustrations sur le site du journal en ligne Les Jours.

inconsciences

Dur à avaler. Que saurions-nous de la digestion sans la rencontre entre un trappeur blessé et un médecin obstiné ? Le malheur des uns fait parfois le bonheur des autres. Cet adage s'applique aussi à la science, et certaines découvertes reposent parfois sur d'étranges relations...

CÉCILY DE VILLEPOIX

MAIS OÙ QU'IL EST, CE MAUDIT DOCTEUR !? OSTIE DE BEAUMONT !
UN JEUNE TRAPPEUR DE 28 ANS EST AMENÉ D'URGENCE AU FORT. IL A ÉTÉ VICTIME D'UN ACCIDENT DE CHASSE.
JE SUIS LÀ, L'AMI, CALMEZ-VOUS ...
C'EST QU'IL FAUT FAIRE VITE ! J'Y AI TIRÉ D'SSUS... MAIS J'AI PAS FAIT EXPRÈS, HEIN !
QUEL EST VOTRE NOM, MON AMI ?
AAA... ALEXIS SAINT-MARTIN !
L'ESTOMAC DU MALHEUREUX EST PERFORÉ, LA PLAIE EST BÉANTE ET DES RESTES DE REPAS S'EN ÉCHAPPENT.
A PRIORI C'EST UN CAS DÉSESPÉRÉ MAIS BEAUMONT COMMENCE LES SOINS ...
VOUS ÊTES ENTRE DE BONNES MAINS, ESSAYEZ DE VOUS DÉTENDRE...
AAA!

WILLIAM BEAUMONT PRATIQUAIT LA MÉDECINE EN PASSIONNÉ.
NÉ EN 1785 DANS LA CAMPAGNE DU CONNECTICUT, DE PARENTS FERMIERS, IL EST D'ABORD INSTITUTEUR DANS UNE BANLIEUE NEW-YORKAISE.
IL DÉCOUVRE DONC LA MÉDECINE SUR LE TARD ET COMMENCE À L'ÉTUDIER SUR SON TEMPS LIBRE...
IL QUITTE NEW YORK POUR LE VERMONT, UN ÉTAT DU NORD-EST DES ÉTATS-UNIS OÙ IL COMMENCE SON APPRENTISSAGE CONCRET DE LA PRATIQUE MÉDICALE AUPRÈS D'UN DOCTEUR. IL EST DOUÉ, PUGNACE ET PROGRESSE VITE.
IL S'ILLUSTRE PENDANT LA BATAILLE DE YORK EN 1813. LES 200 SOLDATS QUI ONT DROIT À SA SCIE À AMPUTER SURVIVENT TOUS À L'OPÉRATION.
IL EST AFFECTÉ AU FORT MACKINAK EN 1820.
L'ANNÉE SUIVANTE, IL ÉPOUSE UNE CERTAINE DEBORAH PLATT.
SEUL MÉDECIN DANS CE COIN RECULÉ, IL SOIGNE LES MILITAIRES MAIS ÉGALEMENT LA POPULATION CIVILE.

2 MOIS APRÈS L'ACCIDENT DU TRAPPEUR.

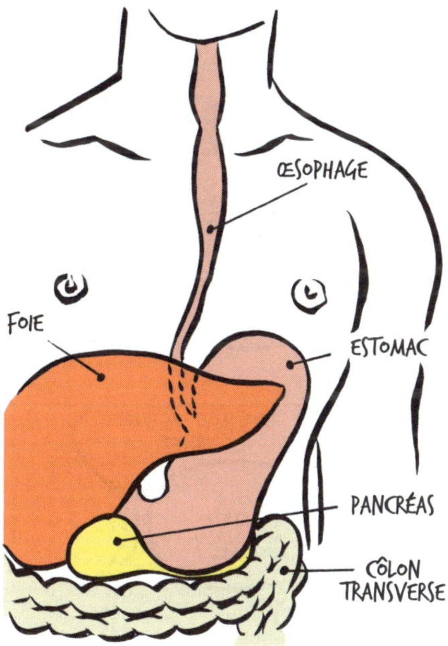

AU LIEU DE SE RESSOUDER LES TISSUS S'AGGLOMÈRENT, LAISSANT ALORS UNE ENTRÉE DIRECTE DANS L'ESTOMAC.

CE CONDUIT ANORMAL EST APPELÉ « FISTULE ».

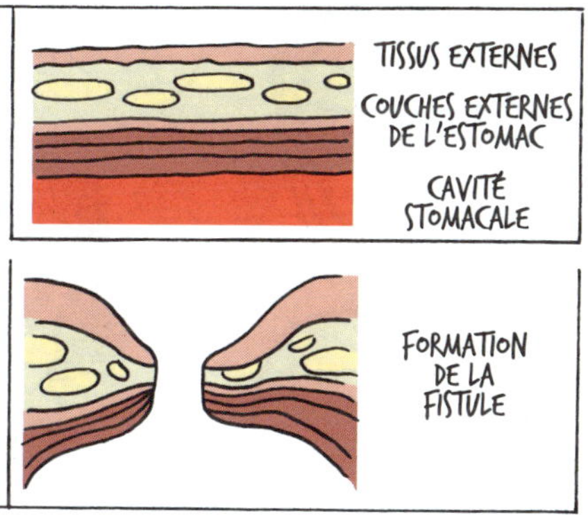

LE PROJECTILE A TRANSPERCÉ LA PEAU, LES CHAIRS ET A FINI SA COURSE EN DÉCHIRANT L'ESTOMAC.

L'OUVERTURE A FINALEMENT CICATRISÉ MAIS D'UNE FAÇON NON NATURELLE ET ASSEZ GÊNANTE POUR MENER UNE EXISTENCE NORMALE. CE « TROU » DOIT ÊTRE BOUCHÉ PAR UN PANSEMENT AFIN QUE LE PATIENT PUISSE GARDER CE QU'IL INGÈRE…

ENTRE-TEMPS LE DOCTEUR A INSTALLÉ LE TRAPPEUR CHEZ LUI, PEUT-ÊTRE POUR MIEUX LE SOIGNER MAIS SURTOUT PARCE QU'IL A DÉCOUVERT QU'IL PEUT, À TRAVERS CE «TROU», OBSERVER L'ESTOMAC DE SON PATIENT EN PLEIN TRAVAIL DE DIGESTION. BEAUMONT EST FASCINÉ ET DONNE DES PETITS NOMS À LA FISTULE, SAINT-MARTIN LAISSE FAIRE BON GRÉ, MAL GRÉ...

SI BEAUMONT SE MONTRE AUSSI PRESSANT, C'EST QU'EN CE DÉBUT DU XIXe SIÈCLE, ON SAIT ENCORE TRÈS PEU DE CHOSES SUR LE SYSTÈME DIGESTIF. LES RECHERCHES DE SES PRÉDÉCESSEURS SUR CE SUJET SONT ENCORE VAGUES.

LAZZARO SPALLANZANI (1729-1799) MÈNERA DES EXPÉRIENCES SUR SA PROPRE PERSONNE.

IL AVALE DE PETITES BOURSES DE TOILE CONTENANT DU PAIN. EN RÉCUPÉRANT CES DERNIÈRES DANS SES SELLES, IL OBSERVE QUE SI LE PAIN A COMPLÈTEMENT DISPARU, LA TOILE N'A SUBI AUCUNE ALTÉRATION.

EN FAISANT DISSOUDRE LES ALIMENTS DANS DES SUCS GASTRIQUES DE POULE PLUS OU MOINS CHAUDS, IL MET EN ÉVIDENCE L'INFLUENCE DE LA TEMPÉRATURE.

ALORS CHIMIQUE ? MÉCANIQUE ? LES DEUX ? DANS QUELLES PROPORTIONS ?

LA RENCONTRE DE BEAUMONT ET DE LA «VIEILLE FISTULE» D'ALEXIS SAINT-MARTIN POURRAIT DISSIPER CE BROUILLARD CAR ELLE EST UNE VÉRITABLE «FENÊTRE OUVERTE» SUR L'ESTOMAC HUMAIN ...

EN 1801, EN FRANCE, L'OBSERVATION D'UNE FISTULE À L'ESTOMAC PAR CORVISART (ENTRE AUTRES) CRÉE UN PRÉCÉDENT...
LE PROGRÈS MÉDICAL
JEAN-NICOLAS CORVISART
1755-1821
... TOUTEFOIS LA PATIENTE, MADELAINE GORÉ, MEURT EN 1802.
BEAUMONT VA PLUS LOIN, IL VA OBSERVER À SA GUISE LA DIGESTION « IN VIVO ».
APRÈS AVOIR PLONGÉ DIRECTEMENT DIFFÉRENTS ALIMENTS DANS L'ESTOMAC DU TRAPPEUR. IL NOTE CONSCIENCIEUSEMENT SES OBSERVATIONS ET RÉALISE AUSSI DES CROQUIS DANS L'IDÉE DE PUBLIER SES RECHERCHES.
SAINT-MARTIN SUPPORTE DE MOINS EN MOINS BIEN LES EXPÉRIMENTATIONS DU DOCTEUR...
UN BEAU JOUR, SAINT-MARTIN ET SA FEMME S'ENFUIENT VERS LE CANADA.
MAIS BEAUMONT LE RETROUVE ET LE PERSUADE DE REVENIR.
CETTE FOIS, IL ENRÔLE LE TRAPPEUR DANS L'ARMÉE...
... RAPPELONS QU'À L'ÉPOQUE LA DÉSERTION EST PUNIE DE MORT.
ET EN 1833...
IL EST ARRIVÉ, ENFIN ! VOILÀ VOTRE LIVRE (1) MON CHÉRI !
À LA BONNE HEURE, MADAME BEAUMONT ! NOUS ALLONS FÊTER ÇA !
(1) EXPERIMENTS AND OBSERVATIONS ON THE GASTRIC JUICE AND THE PHYSIOLOGY OF DIGESTION
APRÈS DES ANNÉES PASSÉES AU « SERVICE » DE BEAUMONT, SAINT-MARTIN ET SA FEMME S'ÉCHAPPENT À NOUVEAU, CETTE FOIS DÉFINITIVEMENT, QUELQUES MOIS PLUS TARD.

AUJOURD'HUI, LE DOCTEUR W. BEAUMONT EST CONSIDÉRÉ COMME LE PÈRE DE LA PHYSIOLOGIE GASTRIQUE.
IL AURA MIS EN RELIEF L'IMPORTANCE DES DIVERS SUCS DIGESTIFS… (ICI LA SALIVE)
… L'INFLUENCE DE L'« HUMEUR » SUR LA DIGESTION…
… LES EFFETS DES CHANGEMENTS DE TEMPÉRATURE, ETC.
PAR LA SUITE, EN 1874, L'ALLEMAND KARL ENWALD IMPROVISE AVEC LE TUYAU D'UN BEC BUNSEN LA PREMIÈRE SONDE GASTRIQUE.
CET OUTIL SE RÉVÈLE ÊTRE UN INSTRUMENT PRÉCIEUX ET VÉRITABLEMENT FONDATEUR DE LA GASTRO-ENTÉROLOGIE MODERNE.
LES DIFFÉRENTES SONDES UTILISÉES DE NOS JOURS PERMETTENT D'EFFECTUER AUSSI BIEN DES LAVEMENTS QUE DES PRÉLÈVEMENTS.
LA SONDE GASTRIQUE DEVIENDRA L'ÉLÉMENT PRINCIPAL D'UNE THÉRAPIE TRÈS EN VOGUE À LA FIN DU XIXe.
La Cure
CRAC !
ALEXIS SAINT-MARTIN A, SEMBLE-T-IL, VÉCU AVEC SA FISTULE, EN EXCELLENTE SANTÉ JUSQU'À L'ÂGE, TRÈS AVANCÉ POUR L'ÉPOQUE, DE 86 ANS.
BEAUMONT LE PRÉCÈDE DANS L'AUTRE MONDE EN 1853. « HEUREUSEMENT LA NATURE NOUS FAIT DIGÉRER SANS QU'IL SOIT NÉCESSAIRE QUE NOUS SACHIONS SON SECRET », ÉCRIVAIT VOLTAIRE.
RAISONNEMENT BIEN OBSCUR POUR UN HOMME DES LUMIÈRES …
DIRE QUE J'AI ÉCLAIRÉ CE MYSTÈRE EN OBSERVANT UN TROU !
WILLIAM BEAUMONT
1785 ~ 1853

C'EST NOTRE RAYON

De la formidable genèse du hip-hop offerte par Ed Piskor à l'immanquable *Guerre d'Alan* en passant par la prometteuse première bande dessinée de Chloé Wary, *La Revue Dessinée* affiche ses goûts.

CONDUITE INTERDITE

Après avoir vécu à Londres, Nour, une jeune Saoudienne, retourne dans son pays d'origine. Les femmes y sont toujours sous tutelle masculine. Pour le moindre déplacement, elles se font conduire par les hommes. L'expatriation de Nour lui a ouvert les yeux et, une fois rentrée au pays, l'asphyxie la gagne. L'interdiction de rouler cristallise sa colère. *« Au volant d'une voiture, j'aurais pu choisir quelle route emprunter. J'aurais pu me tromper, me perdre… Mais à chaque intersection, j'aurais pu faire mon propre choix. »* Cette fiction renvoie à un épisode réel. Dans ce premier livre, Chloé Wary rend hommage à celles qui, le 10 novembre 1990, ont bravé l'interdit. Ce jour-là, quarante-sept femmes parcourent les rues de Riyad, mains sur le volant et voile au vent. C'est à la lecture de *Révolution sous le voile,* de Clarence Rodriguez, que la dessinatrice est touchée par les voix des femmes saoudiennes, dont celle de Manal al-Sharif, icône du mouvement Women2Drive. Ce récit est traversé par une indignation partagée servie par un trait volontairement ingénu et par le ton de la jeunesse révoltée.

Conduite interdite, **de Chloé Wary, éditions Steinkis (2017), 144 p., 18 euros.**

HIP HOP FAMILY TREE

À la fin des années 1970, les quartiers délaissés de New York, le Bronx et Harlem, sont au bord de l'implosion. La misère est un terrain fertile pour les guerres de gangs mais aussi pour les révolutions artistiques. Au cœur du Bronx, Kool Herc, un DJ américano-jamaïcain, observe les jeunes danser. L'époque est aux beats, ces instrumentaux à base de rythmes enregistrés en boucle. Kool Herc, lui, est imprégné des sound systems jamaïcains. Il lui vient l'idée d'enchaîner les fameux beats grâce à deux platines : voilà inventée la technique du Merry-go-round. Le hip-hop est né. Avec ses pages couleur kraft, chaque tome de *Hip Hop Family Tree* est exaltant. Les artistes aux surnoms devenus mythiques, Grandmaster Flash, Sugarhill Gang, Dr. Dre… entrent en scène à tour de rôle, les anecdotes s'enchaînent, bâtissant une histoire kaléidoscopique et intime du phénomène. L'Américain Ed Piskor, 35 ans, reprend l'esthétique vintage de Marvel pour mettre en scène ses personnages, DJs, MCs, B-Boys ou graffeurs, et raconter le bouillon d'influences et de rivalités, de quête d'argent et de reconnaissance et l'incroyable émulation dans lesquels tous baignaient.

Hip Hop Family Tree, **d'Ed Piskor, éditions Papa Guédé (2016), 112 p., 26 euros.**

incontournable

La Guerre d'Alan

En juin 1994, Emmanuel Guibert, de passage à l'île de Ré, demande son chemin à un homme dans son jardin. L'échange dure quelques minutes mais anime le dessinateur, alors dans la trentaine. Les jours suivants, les deux hommes se recroisent, discutent, s'invitent. Alan Ingram Cope, qui a alors 69 ans, raconte sa vie, sa guerre. Soldat américain pendant la Seconde Guerre mondiale, il a participé aux derniers moments du conflit, découvrant une Europe dévastée. Rapidement, l'auteur de Brune – sa première bande dessinée, consacrée à la montée du nazisme en Allemagne – propose à son aîné de transposer son récit en dessins. C'est autour d'un magnétophone que va grandir leur amitié. Mais la maladie, puis la mort interrompent leurs échanges avant que le vieil homme ait pu poser ses yeux sur le livre édité.

Quinze ans après *Maus,* d'Art Spiegelman, titre fondateur de la bande dessinée du réel, *La Guerre d'Alan* puise dans la richesse d'une rencontre pour proposer une biographie dessinée. Dans le premier opus, Alan, jeune Californien de 18 ans se voit appelé à rejoindre les troupes américaines. Après une période d'entraînement à Fort Knox (Kentucky), il est envoyé en Allemagne puis à Prague quand la guerre touche à sa fin. Mais ce récit va au-delà du témoignage historique. Alan raconte Lou, Clémentine, et cette jeune Bohémienne qu'il aura seulement pu enlacer… Tels des fragments

***La Guerre d'Alan* est l'œuvre d'une rencontre et d'une amitié, le récit d'une tranche de vie qu'un ancien soldat américain a bien voulu livrer.**

aux dimensions et aux textures variées, ces hommes et ces femmes composent le tissu de ses amitiés. Silhouettes sous le trait délicat d'Emmanuel Guibert, ces personnages apparaissent, disparaissent, resurgissent au gré des hasards. Histoire d'une mémoire affective, *La Guerre d'Alan* met à nu les fragilités de son héros, ses manques, ses hésitations…

À l'origine parue en feuilleton dans la revue *Lapin,* elle est le premier opus d'une série qui se poursuit par *L'Enfance d'Alan,* et *Martha et Alan*. Dans cette bande dessinée en noir et blanc, les variations de teintes sont subtilement maniées pour traduire tantôt l'effacement de la mémoire, tantôt la force des souvenirs.

***La Guerre d'Alan,* d'Emmanuel Guibert, Intégrale, éditions l'Association (2012), 328 p., 28 euros.**

La Revue Dessinée fait peau neuve... avec vous !

Pour élaborer notre nouvelle formule, nous avons lancé un grand sondage par mail et via les réseaux sociaux. Vous avez été 1 496 à remplir ce questionnaire. Nous avons tout lu, tout compilé, tout digéré, et vos réponses nous ont bien inspirés. D'abord, vos reproches. Pour beaucoup, cela commence par le sommaire qui n'était pas assez clair, explicite et cohérent. Les couvertures sont plus appréciées mais jugées parfois *« hors sol »* ou trop *« noires »* et angoissantes. La maquette, elle, vous paraissait *« un peu étouffante »*. *« Moins de sujets, plus d'air »*, nous dites-vous. Sur la forme toujours, vous désapprouvez certaines polices, parfois *« difficiles à lire »* dans les bulles des bandes dessinées.

Sur le fond, vous êtes nombreux à demander plus d'enquêtes, quel que soit le sujet. Si vous êtes de ceux-ci, le numéro que vous avez entre les mains devrait vous plaire. De l'enquête certes, mais pas de roman noir. Vous seriez également plus convaincus si : *« On s'enthousiasmait plus, si on portait plus le regard sur des initiatives positives et concrètes. »* Ou encore, *« si les reportages étaient plus proches des gens »* et *« s'il y avait plus de femmes dans les signatures »*. Passons aux solutions. Pour répondre à vos attentes, ainsi qu'à nos envies, cette nouvelle formule propose une couverture plus en phase avec l'actualité. Dans ce numéro, l'illustration de François Roca met en scène les grands de ce monde dans... un taxi Uber, conduit par le président Macron. Vous pourrez aussi découvrir un sommaire plus aéré, plus détaillé, ainsi que des pages d'ouverture entièrement repensées par le directeur artistique, Elhadi Yazi, qui a choisi une **esthétique ludique** permettant, entre autres, de distinguer les reportages des chroniques. L'idée directrice est de faire plus simple, plus clair, plus lisible, plus élégant. À propos des chroniques, la mue se fait progressivement : à partir du prochain numéro certaines vont disparaître, d'autres démarrer. Au bout de quatre ans, nous avions des envies de nouveauté, que vous étiez nombreux à partager !

Enfin, nous avons bien noté vos envies d'optimisme, de proximité, et de parité : nous y souscrivons. Ce ne sont pas les défis les plus faciles à relever mais nous vous promettons de nous démener pour y arriver.

Pour nous suivre et nous contacter
contact@larevuedessinee.fr **www.larevuedessinee.fr**

DESSINS : AURORE PETIT

Retour sur...

Les Chibanis en appel. En mai dernier, la cour d'appel de Paris a examiné l'affaire des 800 Chibanis. Ce surnom, « les cheveux blancs » en arabe maghrébin, désigne des immigrés d'origine marocaine. En l'occurrence, des retraités de la SNCF. À l'époque où ils réparaient les voies, ces ouvriers étaient traités bien plus rudement que leurs collègues. Cette histoire, Alexandra Bogaert et Thierry Chavant vous la racontent dans notre numéro #9. En 2015, la SNCF a été condamnée à leur verser 170 millions d'euros, et la facture pourrait s'alourdir. Décision en janvier 2018.

Le ping-pong des lecteurs

Je viens de lire le courrier des lecteurs, en particulier celui de Cyril R. Je tenais à vous dire que vraiment les lecteurs qui pensent ça ne veulent pas lire/voir la réalité en face ! Un peu comme les partisans des Républicains devant les affaires Fillon... *« C'est de la manipulation »*, s'écriaient beaucoup. C'est souvent difficile de se prendre la réalité en pleine figure, la politique de l'autruche a encore de beaux jours devant elle ! Alors ne changez rien, je vous lis depuis le premier numéro et vraiment merci ! Claire

Chère Claire, pour mémoire, rappelons que Cyril R. se plaignait, dans le numéro #16, de notre *« dérive politique »* débouchant sur *« une information tronquée sans contre-pouvoir »*. Signe que chaque lecteur a sa propre lecture de *La Revue Dessinée*. Pour nous, elle est une revue engagée, mais pas militante, proposant des sujets qui parfois vous plairont, parfois non, chacun ses goûts !

L'agenda

L'historien Sylvain Venayre et le dessinateur Étienne Davodeau sillonneront le pays pour présenter le premier tome de l'*Histoire Dessinée de La France*.

OCTOBRE

4-8 Aux Rendez-vous de l'histoire de Blois (41).

12 À la librairie Petite Égypte, 2e arrondissement de Paris (75).

14 Au Grand Théâtre d'Angers (49) avec le dessinateur Nicoby et l'historien Jean-Louis Brunaux.

20 À la librairie Momie Folie de Grenoble (38) de 14 heures à 16 heures. Puis au Square à partir de 17 h 30.

27-29 Au festival Quai des bulles de Saint-Malo (35) avec Nicoby et Jean-Louis Brunaux. À cette occasion, *La Revue Dessinée* organise trois débats :

Ven. 27 *Le dessin de presse : place aux jeunes !* Avec Loïc Sécheresse et Thibaut Soulcié, animé par Sylvain Ricard et dessiné par James.

Sam. 28 *Les nouveaux combats de l'histoire : l'apport de la bande dessinée.* Avec Étienne Davodeau, Sylvain Venayre et Hugues Jallon, animé par David Servenay et dessiné par Thibaut Soulcié.

Dim. 29 *Lièvre ou tortue : quel tempo pour l'enquête dessinée ?* Avec James et Inès Léraud, débat animé par Amélie Mougey et dessiné par Thibaut Soulcié.

François Roca
● COUVERTURE
Passé par l'école nationale des arts appliqués Olivier-de-Serres et par l'école Émile-Cohl, à Lyon, François Roca navigue entre peinture à l'huile et illustration jeunesse. Il réalise des couvertures de magazine, dont *Télérama.*

Julien Martin
▼ BALKANY - P. 6
Journaliste politique à *L'Obs* et anciennement à *Rue89*, je connais les Balkany pour avoir écrit un livre sur eux, pas pour être allé en vacances dans leur villa de Saint-Martin.

Grégory Mardon
▼ BALKANY - P. 6
Natif d'Arras, passé par les Beaux-Arts de Tournai. J'ai publié des albums chez Les Humanoïdes associés, Dupuis, Futuropolis, Cornélius, Delcourt et Casterman. J'illustre parfois la presse jeunesse ou des webdocs.

Arnaud Le Gouëfflec
◆ FACE B - P. 32
J'écris des romans, des scénarios de BD et des chansons. Sinon, j'aime le rock bizarre et j'ai fondé le label souterrain et mystérieux L'Église de la petite folie.
arnaudlegouefflec.com

Nicolas Moog
◆ FACE B - P. 32
Né à Metz en 1978. Quand je ne lustre pas mon banjo, je publie des bandes dessinées. La dernière en date : *Qu'importe la mitraille,* avec Matthias Lehmann (éd. 6 pieds sous terre).
nicolasmoog.tumblr.com

Hélène Ferrarini
▼ COCAÏNE - P. 40
Journaliste pour la presse écrite et la radio, j'ai un tropisme pour les sujets touchant à la santé, l'environnement, l'histoire et la culture.
@HeleneFerrarini
heleneferrarini.tumblr.com

Damien Cuvillier
▼ COCAÏNE - P. 40
Je suis né et j'ai grandi en Picardie. Le dessin et la bande dessinée ont toujours été pour moi un moyen de communication, de rencontres et d'évasion.
damiencuvillier.canalblog.com

Fabrice Erre
◆ TRAIT POUR TRAIT - P. 70
Enseignant, historien et auteur de bande dessinée, spécialiste des caricatures et des personnalités mégalomanes. Cela m'a conduit à raconter ma vie sur un blog :
uneanneeaulycee.blog.lemonde.fr

Terreur Graphique
◆ TRAIT POUR TRAIT - P. 70
Je me suis mis à la bédée sur le tard, mais je m'emploie à rattraper le temps perdu chez Vide Cocagne, 6 pieds sous terre, Vraoum, Même pas mal, Dargaud... Je dessine aussi pour *Fluide Glacial* et *Libération.*

Inès Léraud
▼ ALGUES VERTES - P. 78
Depuis bientôt deux ans, je sillonne la Bretagne pour *France Culture* et *France Inter*, avec une vieille AX, un magnétophone, et de l'obstination afin de saisir les contours d'une pieuvre : l'agroalimentaire breton.

Pierre Van Hove
▼ ALGUES VERTES - P. 78
Dessinateur autodidacte et illustrateur jeunesse pour la presse et l'édition, pour les titres *J'aime lire* et *Je bouquine* notamment, j'ai signé avec Alessandro Tota *Le Voleur de livres,* paru chez Futuropolis en 2015.

Jean-Michel Billioud
◆ INSTANTANÉ - P. 128
Je suis né à Marseille en 1964. Ma marotte ? Expliquer simplement les choses compliquées. Auteur depuis bientôt vingt ans, j'ai signé plus de 150 livres, souvent dans l'édition jeunesse.
jmbillioud.com

DESSINS : HERVÉ BOURHIS

RUDY SPIESSERT
◆ INSTANTANÉ - P. 128

J'ai publié une quinzaine d'albums de bande dessinée, dont *Les Villes d'un jour* (éd. Quadrants), album paru en 2008 et dans lequel je raconte mon enfance au cirque. Illustrateur pour la presse, je signe parfois sous le nom de Pluttark, ne me demandez pas pourquoi, j'ai oublié.

ISABELLE MAYAULT
▼ JUSTICE - P. 130

Journaliste indépendante *(Le Crieur, The Guardian, La Repubblica)*, passée longuement par le Liban puis par l'Egypte, et moins longuement par le Burkina Faso et par la Turquie. Membre du Collectif 2026.

www.c2026.info

CLAIRE BRAUD
▼ JUSTICE - P. 130

Claire Braud a étudié aux Beaux Arts d'Angers. Elle a publié plusieurs récits en BD sur des musiciens, des ouvriers du bâtiment et le conflit au Sri Lanka. Depuis, elle planche, encore très vaguement mais avec certitude, sur une prochaine bande dessinée qui se veut un *« best-seller ultra comique »*.

VINCENT SOREL
◆ LA REVUE DES CINÉS - P. 160

Né en 1985 en Normandie, je vis à Nantes. J'ai illustré de nombreux épisodes du feuilleton en ligne *Les Autres Gens* (éd. Dupuis) et j'ai travaillé pour le mensuel numérique *Professeur Cyclope*.

cargocollective.com/vincent-sorel

ALEXIA EYCHENNE
▼ UBER - P. 166

Journaliste indépendante. Après six ans à *L'Express*, je réalise des reportages en France et à l'étranger. Ces derniers temps, j'ai écrit pour *Les Jours, XXI, Libération, Le Monde diplo*... Ma spécialité : le monde du travail.

@AlexiaE

THIERRY CHAVANT
▼ UBER - P. 166

Lyonnais, monté à Paris pour mes études, j'ai d'abord été directeur artistique dans la publicité avant de devenir, en 2005, auteur de bande dessinée en parallèle de mes activités d'illustrateur et de story-boarder.

thierrychavant.blogspot.fr

CÉCILY DE VILLEPOIX
◆ INCONSCIENCES - P. 210

Nantaise depuis 2007, j'ai été scénographe, plasticienne et patronne de bar avant d'arriver à la bande dessinée. Mes sujets favoris sont l'ésotérisme, l'archéologie, la médecine et l'anthropologie.

cecilydevil.wixsite.com/site

AURORE PETIT
● AU PIED DE LA LETTRE - P. 220

Depuis ma sortie des Arts déco de Strasbourg, en 2006, j'ai publié, parfois en binôme, une vingtaine de livres illustrés, notamment chez Les Fourmis Rouges et Actes Sud Junior.

aurorepetit.com

JAMES
PASTILLE - P. 226

Âge : trop. Poids : secret. Yeux : presbyte. Cheveux : de plus en plus épars. Arrivé sur le tard à la bande dessinée, je publie beaucoup depuis pour compenser.

james-o-rama.tumblr.com

ANNE SIMON
PASTILLE - P. 226

Je participe à la *Revue Dopututto* et j'ai publié la plupart de mes livres aux éditions Misma. J'ai collaboré avec Corinne Maier pour réaliser deux biographies dessinées de Freud et de Marx, chez Dargaud.

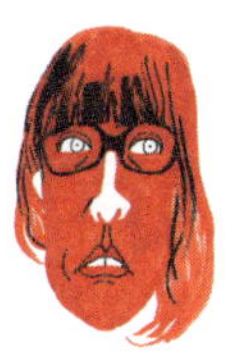

SOPHIE GUERRIVE
EX-LIBRIS

Depuis 2007, elle alterne entre strips minimalistes et recueils de dessins fouillés. Après une résidence à Angoulême, elle poursuit sa série de bandes dessinées *Tulipe* (éd. 2024).

numéro 17

septembre, octobre et novembre 2017

-

Date de parution
7 septembre 2017

-

Directeur de la publication
Franck Bourgeron

Directeur de la rédaction
Sylvain Ricard

Rédaction en chef
Amélie Mougey
et **David Servenay** (conseiller)

Conception graphique
Elhadi Yazi

Direction artistique
Cat Gabillon

Abonnements, presse, événementiels
Solange Coulamie

Maquette graphique
Cindy Attuil

Édition
Amélie Mougey

Correction
Anne-Sophie Arnould
et **Richard Herlin**

Ont collaboré à ce numéro:
Mathieu Péquignot (stagiaire), Sarah Dehove (rédactionnel C'est notre rayon), Sophie Guerrive et Doriane Tchekhovitch (infographies), Sandrine Greff et Mathilda (travaux graphiques)

contact@larevuedessinee.fr
larevuedessinee.fr

-

La Revue Dessinée est éditée par LRD SAS, SAS au capital de 4668€

Siège social et rédaction:
36, bd de la Bastille 75012 Paris
01 43 43 30 50 (abo et rédaction)
01 83 56 95 27 (rédaction en chef)

Fondateurs actionnaires:
Franck Bourgeron (président), Sylvain Ricard (directeur général) et David Servenay

Actionnaires: F&S, Jean-Hubert Gallouet, Patrick Goux, Nicolas Gouju, Arnaud Bertin et Emmanuel Hurault

Impression et façonnage:
STIGE s.p.a. Via Pescarito, 110, 10099 San Mauro (TO), Italie
Fabrication: CPE conseil
Photogravure: Apex Graphic
Diffusion: Delsol
Distribution: Sodis
Commission paritaire: 0919 D 91934

ISSN: 0753-3454
ISBN: 979-10-92530-27-8
Sodis: 790577
Dépôt légal: septembre 2017

PEFC
PEFC/18-31-107

Papiers 100 % PEFC
Papier intérieur : Allemagne
Papier couverture : Italie

VOUS AVEZ LOUPÉ UN NUMÉRO ? RATTRAPEZ-VOUS !

JE SOUHAITE RECEVOIR LE(S) NUMÉRO(S)

#1 ☐ #2 ☐ #3 ☐ #4 ☐ #5 ☐ #6 ☐ #7 ☐ #8 ☐ #9 ☐ #10 ☐ #11 ☐ #12 ☐ #13 ☐ #14 ☐ #15 ☐ #16 ☐

ENVOI ○ FRANCE **17€** ○ EUROPE **19€** ○ MONDE **21€** **MONTANT GLOBAL** ______ €

FRAIS DE PORT INCLUS

MON PAIEMENT

JE JOINS UN CHÈQUE DE ______ €

À L'ORDRE DE «**LRD SAS**». À ENVOYER À **LA REVUE DESSINÉE, 36, BOULEVARD DE LA BASTILLE, 75012 PARIS - FRANCE**

MON ADRESSE DE LIVRAISON

PRÉNOM/NOM ______

ADRESSE ______

______

CODE POSTAL ______ VILLE ______

PAYS ______ TÉLÉPHONE ______

E-MAIL ______

POUR TOUTES QUESTIONS, CONTACTEZ **SOLANGE@LAREVUEDESSINEE.FR**

SI VOUS CHERCHEZ UNE THÉMATIQUE OU UN SUJET EN PARTICULIER, RETROUVEZ-NOUS SUR **LAREVUEDESSINEE.FR**

La Pastille
de James et Anne Simon